脳の発育・促進のための
自然学習と遊び・運動

平塚 儒子

編著

宇城 靖子
デッカー清美

時 潮 社

もくじ

前帝塚学院人間科学部心理学科教授　**平塚儒子**

前東京医療保健大学和歌山看護学部　宇城靖子

前帝塚山学院大学人間科学部　平塚儒子

幼児期の遊びが成長発達過程に及ぼす影響 ——————— 35

前千葉科学大学看護学部 **デッカー清美**

前帝塚山学院大学人間科学部 **平塚 儒子**

日本とスウェーデンの若者層のストレスサインに及ぼす山川草木の自然学習
—スウェーデンの少子化改善と自然学習—

前帝塚学院人間科学部心理学科教授　平塚儒子

要　旨

　日本とスウェーデンの小学生から学生と成人に対象に、身体的精神的疲弊度とコーピングに関する面接調査を行った。その結果、日本の若者では身体的、精神的のストレス兆候がスウェーデンの若者に比し有意に高く表現されていた。疲労を回復させる効果がある森林や緑あふれる自然環境の教育によって、自然の中でのびのびと遊ぶ1歳より5歳までの『体験』は子どもたちの"意欲"と"関心"を高め、学びを深めている。スウェーデンは男女機会均等から家族政策や女性解放政策によって、少子化を1.98%まで食い止めている。

1．緒　言

　教育の目的は、日本の教育にとって最も大事な教育基本法が定められている。【教育基本法】第一条、教育は、人格の完成を目指し、平和で民主的な国家及び社会の形成者として必要な資質を備えた心身ともに健康な国民の育成を期して行われなければならないとされる。教育の目的とは、まずは「人格の完成」を目指すとされている。なお、自然環境の教育は、環境の保全に貢献し未来を拓く主体性のある日本人を育成するため，その基盤としての道徳性を養うとしている。とりわけ、文部科学省は、自然とのかかわりについて、自然に出会い、感動する体験を通じて、自然の大きさや不思議さを感じ、畏敬の念をもつこととしている。しかしながら、日本の若者層は、「危険が迫ってくるときに、不安をおぼえ、自身の対話や行動が他人と異なっているとき、他人からの非難を懼れて、そして自身の良心に反する行動を取った場合に不安を覚える」という。日本とニュージーランドの若者層の調査を実施した。なお、現在日本の「ニート」に相当する（就業、就学、職業訓練のいずれも行っていない）割合は、2015年に10.1%と170万人にのぼることが、OECDが5月29日に発表した報告書より明らかになった。30歳未満の推計32万人がいわゆる引きこもり状態にあるという。

　次いで、日本の国土面積に占める森林面積の割合は68.5%（森林率約7割）で、日本は四季と寒暖と雨量のある比較的温暖な気候の中で、稲作を中心とする農耕民族であった。その日本という国は、農業を営むには自然条件が豊かであり、モンスーンに襲われる厳しくもあり、複雑な地形と四季がある。しかし豊富に降る雨は、栽培できる作物の多様性と主食である米の安定した供給を可能にしていた。日本の神道や仏教は自然に対する畏敬の念を懐きつつ祈り、第1次産業である農業に感謝し稲作文化を通して活動した。心身を使っての活動が、日本の文化であった。

　しかしながら、近年、日本の若者層は、自己の教育や環境的背景から考えた自分の位置の

低さから社会進出のメリットが感じられなくなり、精神的成長をあえて自己遅延させる、モラトリアムな行動を取る若者が多くなっている[1]。しかしそのような無気力さが日本人の特有の兆候であるのか否かは、外国との比較研究が少なく確証が得られていない。

　一方、スウェーデンはスカンディナビア半島の東側に位置する国土の南北に細長い国である。その国土の7分の1が北極圏内にあって、国土面積に占める森林面積の割合は68.4%である。スウェーデンの総人口は約960万人で、その約90%は国土の南半分に住んでいる。また、総人口の約40%は3つの大都市圏に住んでいる(ストックホルム都市圏約210万人、ヨーテボリ都市圏約100万人、マルメ都市圏約70万人)。国土の大部分は冷帯に属するが南部は北大西洋海流の影響を受けて、温帯であり、比較的温暖である。経済面は、森林・鉄鉱・水力資源に恵まれ、パルプ・製紙・鉄鋼・機械・造船などの工業が発達している。教育については、スウェーデンの教育無償化を支えるのは、国民からの税金である。自然体験を多く導入したスウェーデンの若者や成人の心身ともに健康な国民の育成を期して行われている。発達のねらいは、「わからないことは、そのままにしないで調べることが多い」「誰とでも協力してグループ活動ができる」「相手の立場になって考えることができる」が、ねらいである。

　両国とも先進国の中では有数の森林大国である。日本は精神的成長をあえて自己遅延させる若者層に対し、如何なる環境を整える必要があるのか、両国間の青年層の精神的肉体的疲弊度とストレスコーピングを比較検討したので、その結果について報告する。

キーワード
　日本の若者層の身体的精神的疲弊、山川草木の自然の学習、スウェーデンの教育
　スウェーデンの少子化ストップを見習う

2．研究の方法と内容

調査の方法

　日本の児童、生徒、学生、成人の男女1190名とスウェーデンの児童、生徒、学生の男女50名を対象に面接調査を実施した。解析方法は1次集計の後にクロス集計を実施、そして$\chi 2$　有意の差のあった者（$p < 0.005$）をデータとした。

調査用紙
ひとびとの健康と豊かさ
＊（1）次のような状態がありますか、あれば（　）内にレをつけて下さい。（いくつでもけっこうです）
①脱力感（　　）②眠気（　　）③頭痛（　　）④肩がこる（　　）⑤目の疲れ（　　）⑥脚がだるい（　　）⑦肩がだるい（　　）⑧倦怠感（　　）⑨気がちる（　　）⑩思考力減退（　　）⑪背がだるい⑫その他（　　　　　　　　　　　　　　　　　　　　　　）

＊（2）疲れた時次のようなことをしますか、あれば（　）内にレをつけて下さい。（いくつ

でもけっこうです)
① 眠る（　　）　②マッサージする（　　）　③深呼吸する（　　）　④洗顔する（　）
⑤好きな物を飲む、食べる（　　）⑥雑談する（　　）⑦運動する（　　）⑧黙想する（　　）
⑨外を見る（　　）⑩新聞を読む（　　）⑪その他（　　　　　　　　　　　　　　）

＊（3）つぎのようなことがありますか、あれば（　　）内にレをつけて下さい。（いくつ
もけっこうです）
①集中力と記憶力が劣っている（　　）②だるくて疲れやすい（　　）③休日ゆっくりして
も精神的な疲れが取れない（　　）④朝早く起床できなくて、行動がのろい（　　）⑤寝つ
きが悪く眠りが浅い（　　）⑥学校や職場では疎外感があり、溶け込めない（　　）ゆうう
つである（　　）⑦イライラして、怒りっぽい（　　）

＊（4）つぎのようなことがありますか、あれば（　　　　）内にレをつけて下さい。
①他人と話し合って協力して上手く仕事ができる（　　）②私は大切な人間であると認識し
ている（　　）③＊つぎのようなことがありますか、あれば（　）内にレをつけて下さい。私
生活に満足している（　　）

3．結　果

1）ストレス兆候を感じる日本人
　ストレスが長期化している日本人
　ストレス兆候を感じる者と学齢の関係において、「眠気がある者」の最多は学生 69.6％、
次いで高校生 63.3％、中学生 55.8％、小学生 38.6％の順で、最少は成人 24.0％であった。
　「脱力感のある者」の最多は学生 38.0％、中学生 35.3％、小学生 33.3％、高校生 29.9％
の順で、最少は成人 14.7％であった。
　「目の疲れがある者」の最多は成人 44.2％で、次いで学生 39.2％、中学生 36.5％、高校
生 34.5％の順で、最少は、小学生 31.5％であった。
　「肩がだるい者」の最多は中学生 32.7％、次いで小学生 20.7％、学生 19.0％、高校生
12.5％の順で、最少は成人 7.8％であった。
　「肩がこる者」の最多は成人 43.4％、次いで学生 41.8％、高校生 28.8％、中学生 24.7％
の順で、最少は小学生 13.9％であった。
　「脚がだるい者」の最多は学生 15.2％、次いで中学生 13.5％、小学生 13.1％、高校生
12.8％の順で、最少は成人 10.1％であった。
　「頭痛がある者」の最多は学生 25.3％、次いで成人 21.7％、中学生 18.9％、高校生 17.8％
の順で、最少は小学生 12.1％であった。
　「倦怠感がある者」の最多は学生 40.5％、次いで中学生 17.3％、成人 14.0％、小学生
10.8％の順で、最少は高校生 8.2％であった。
　「気がちる者」の最多は学生 26.6％で、次いで中学生 25.6％、高校生 16.0％、小学生
10.0％の順で、最少は成人 6.2％であった。

「思考力減退がある者」の最多は学生27.8%で、次いで成人15.5%、高校生15.3%、中学生12.8%の順で、最少は小学生6.0%であった。

図1　ストレスが長期化した学齢から成人の推移

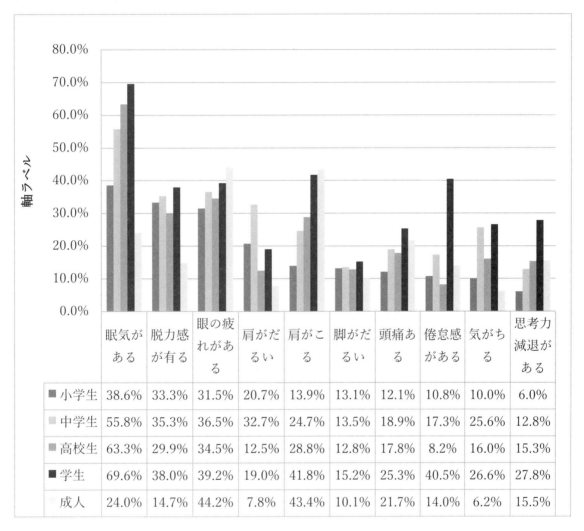

	眠気がある	脱力感が有る	眼の疲れがある	肩がだるい	肩がこる	脚がだるい	頭痛ある	倦怠感がある	気がちる	思考力減退がある
■ 小学生	38.6%	33.3%	31.5%	20.7%	13.9%	13.1%	12.1%	10.8%	10.0%	6.0%
中学生	55.8%	35.3%	36.5%	32.7%	24.7%	13.5%	18.9%	17.3%	25.6%	12.8%
■ 高校生	63.3%	29.9%	34.5%	12.5%	28.8%	12.8%	17.8%	8.2%	16.0%	15.3%
■ 学生	69.6%	38.0%	39.2%	19.0%	41.8%	15.2%	25.3%	40.5%	26.6%	27.8%
成人	24.0%	14.7%	44.2%	7.8%	43.4%	10.1%	21.7%	14.0%	6.2%	15.5%

2015年日本人に対して平塚が調査　　n＝1182

2）日本人の何をしてよいか決められない者

　何をしてよいか決められない者は、生き甲斐はなく自己実現に努力できない

　何をしてよいか決められない者と、生き甲斐はなく自己実現の関係において、何をすべきか決められる者は、生き甲斐があり自己実現に努力している75.1%は、生き甲斐はなく自己実現に努力できない41.9%よりも多かった。一方、何をしてよいか決められない者は、生き甲斐はなく自己実現に努力できない57.3%は、生き甲斐があり自己実現に努力している24.3%よりも多かった。

図2　何をしてよいか決められないものは、生き甲斐はなく自己実現に努力できない

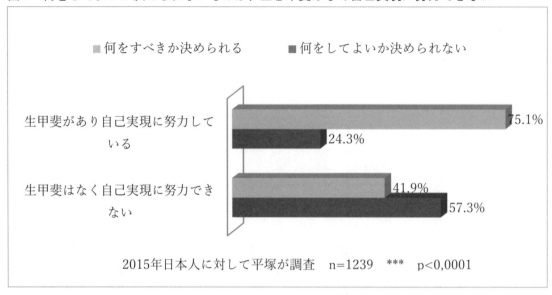

2015年日本人に対して平塚が調査　n=1239　***　p<0,0001

3）日本とスウェーデンの比較
①日本とスウェーデンのストレス対処の比較
日本とスウェーデンの"他人と話し合って協力して上手く仕事ができる"比較

　日本とスウェーデンの他人と話し合って、協力して上手く仕事ができる比較において、他人と話し合って協力して上手く仕事ができる者は、スウェーデン50.9%は、日本29.2%よりもおおく、一方逆に、他人と話し合って協力して上手く仕事ができない者は、日本70.8%はスウェーデン49.1%よりも多かった。

図3-1 日本とスウェーデンの"他人と話し合って協力してうまく仕事ができる"比較

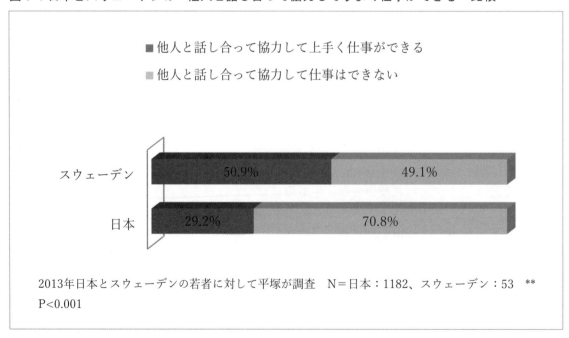

2013年日本とスウェーデンの若者に対して平塚が調査　N＝日本：1182、スウェーデン：53　**
P<0.001

②日本とスウェーデンの”私は大切な人間であると認識している者”との比較

　私は大切な人間であると認識している日本とスウェーデンの比較において、私は大切な人間である、スウェーデン 47.2%は、日本 19.7%よりも多く、私は大切な人間と思わない、日本 80.3%はスウェーデン 52.8%よりも多かった。

図 3-2 日本とスウェーデンの "私は大切な人間であると認識している" 比較

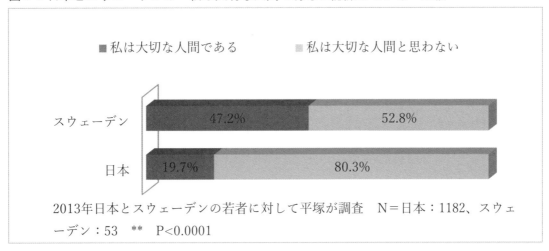

2013年日本とスウェーデンの若者に対して平塚が調査　N＝日本：1182、スウェーデン：53　**　P<0.0001

4）日本とスウェーデンの "私生活に満足している" 比較

　私生活に満足しているスウェーデンと日本の比較において、スウェーデン 58.5%は日本 27.5%よりも多く、私生活に満足していない日本は 72.5%で、スウェーデン 41.5%よりも多かった。

図 4　日本とスウェーデンの "私生活に満足している" 比較

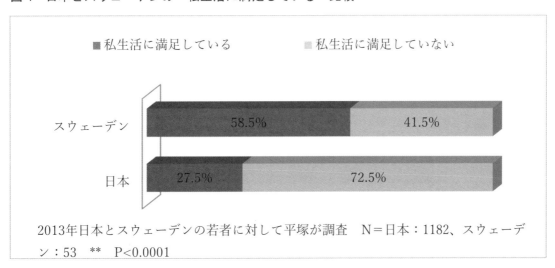

2013年日本とスウェーデンの若者に対して平塚が調査　N＝日本：1182、スウェーデン：53　**　P<0.0001

5）朝早く起床出来なくて、行動がのろい、日本人とスウェーデン人の比較

「朝早く起床できなくて、行動が、のろい者」と、日本とスウェーデンの比較において、「朝早く起床できなくて、行動がのろい者」は、日本38.7%は、スウェーデン17.0%よりも多かった。一方、「朝早く起床できる者」は、スウェーデン83.0%は、日本61.3%よりも多かった。

図5　朝早く起床できなくて、行動がのろい、日本人とスウェーデン人の比較

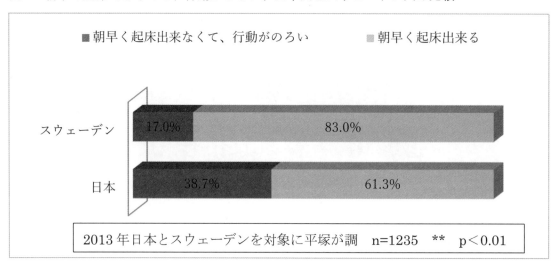

6）日本とスウェーデンのストレスサイン
　だるくて疲れやすい日本スウェーデンの比較

「だるくて疲れやすい者」の、日本とスウェーデンの比較において、「だるくて疲れやすい者」は、スウェーデン60.4%は、日本の43.3%よりも多かった。一方、「だるくない、疲れない者」では、日本56.7%は、スウェーデン39.6%よりも多かった。

図6　だるくて疲れやすい日本とスウェーデンの比較

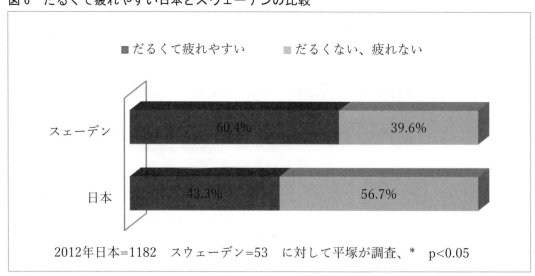

7）思考力減退の日本スウェーデンの比較

思考力減退がある者の日本とスウェーデンの比較

思考力減退がある者の日本とスウェーデンの比較において、「思考力減退のある者」は、スウェーデン 24.5％は、日本 12.5％である。一方、「思考力減退はない者」は、日本 87.5％で、スウェーデン 75.5％よりも多かった。

図7　思考力減退があるものの日本とスウェーデンの比較

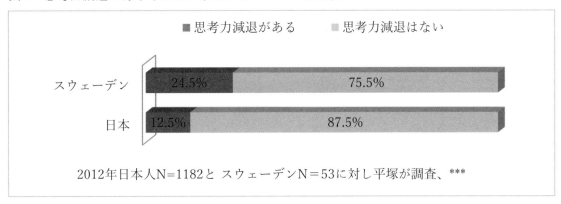

2012年日本人N＝1182と　スウェーデンN＝53に対し平塚が調査、***

8）疲れた時にストレス対処（コーピング）ができる日本の若者と成人

日本の疲れた時にストレス対処ができる若者と成人

日本の疲れた時にストレス対処をする、最多は小学生 17.1％、次いで中学生 16.3％、成人 13.2％、高校生 8.9％の順で、最少は学生 1・3％であった。

図8　日本人の疲れたときにストレス対処をする学齢と成人の推移

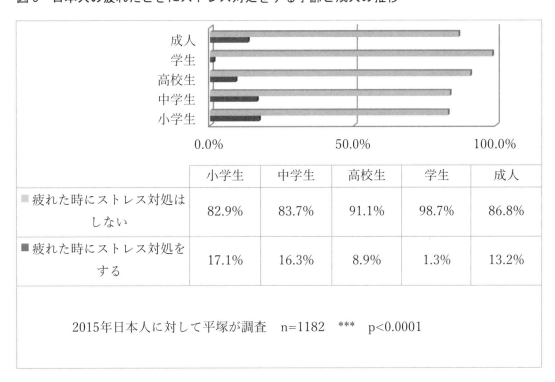

	小学生	中学生	高校生	学生	成人
■疲れた時にストレス対処はしない	82.9%	83.7%	91.1%	98.7%	86.8%
■疲れた時にストレス対処をする	17.1%	16.3%	8.9%	1.3%	13.2%

2015年日本人に対して平塚が調査　n=1182　***　p<0.0001

9）ストレス対処コーピング　日本とスウェーデン

①日本とスウェーデンのストレス対処（運動する）比較

　疲れた時にストレス対処として運動する日本とスウェーデンの比較において、運動する者は、スウェーデン 18.9%は、日本 2.1%よりも多かった。一方、運動しない者は、日本 97.9%は、スウェーデン 81.1%よりも多かった。

図 9-1　疲れたときに運動する日本とスウェーデン

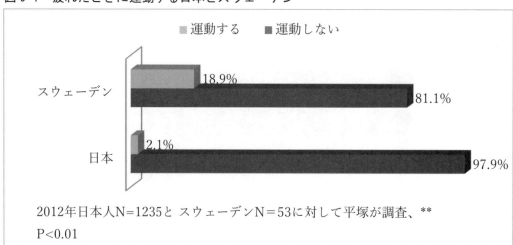

2012年日本人N＝1235と スウェーデンN＝53に対して平塚が調査、** P<0.01

②ストレス対処コーピング「ストレスコーピング（疲れたときは、好きなものを飲んだり食べたりする）」日本とスウェーデン

　疲れたときは、ストレス対処は「好きなものを飲んだり食べたりする者」の日本とスウェーデンの比較において、「好きなものを飲んだり食べたりする者」でスウェーデン 47.2%は日本 27.7%よりも多かった。一方、「好きなものを飲んだり食べたりしない者」では日本 72.3%はスウェーデン 52.8%よりも多かった。

図 9-2 疲れたときは、好きなものを飲んだり食べたりする日本とスウェーデンの比較

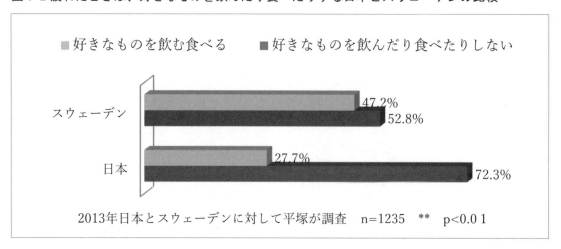

2013年日本とスウェーデンに対して平塚が調査　n=1235　**　p<0.0 1

4. 山川草木の自然と山川草木の自然は好きで、とても感動できる者のココロと身体の関係

1) 山川草木の自然は好きで、とても感動する者は、いらいらして怒りっぽいことはない

「いらいらして怒りっぽい者」と「山川草木の自然に感動する」関係において、「イライラや怒ることのない者」の最多は、「山川草木の自然は好きで、とても感動する」67.5%、次いで、「山川草木の自然はときには感動する」58.8%、最少は「山川草木の自然には何も感動しない」53.4%であった。一方、「イライラして怒りっぽい者」の最多は「山川草木の自然には何も感動しない」43.8%、次いで、「山川草木の自然はときには感動する」39.6%、最少は「山川草木の自然は好きで、とても感動する」30.2%であった。

図 10-1 日本人の山川草木の自然は好きで、とても感動するものは、「イライラや怒ることはない」

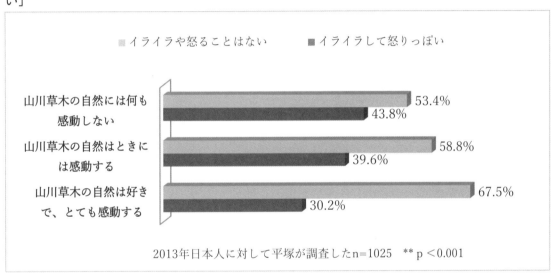

2) 日本人の山川草木の自然は好きで、とても感動する者と、集中力や記憶力の関係

「集中力や記憶力が劣っていない者」と「山川草木の自然が好きで感動する」関係において、「集中力や記憶力が劣っていない者」の最多は、「山川草木の自然は好きで、とても感動する」38.9%で、ついで、「山川草木の自然にはなにも感動しない」35.6%、最少は「山川草木の自然はときに感動する」32.8%であった。

一方、「集中力と記憶力が劣っている者」の最多は、「山川草木の自然はときに感動する」66.6%で、次いで「山川草木の自然にはなにも感動しない」60.3%、最少は、「山川草木の自然は好きで、とても感動する」59.3%であった。

図 4-2　日本人の山川草木の自然は好きで、とても感動するものは「集中力や記憶は劣っていない」関係

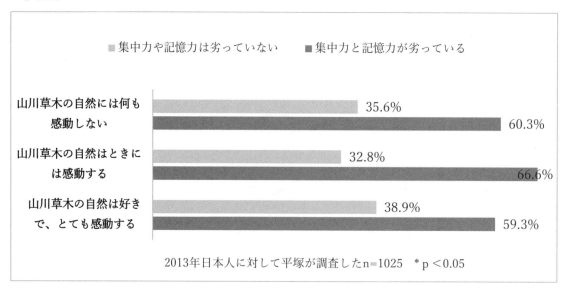

3) 山川草木の自然は好きでとても感動する 者は、「自分は大切な人間である」自尊感情を認識している

「自分は大切な人間であるとして認識できない者」の、最多は、「山川草木の自然には何も感動しない」53.4％で、次いで、「山川草木の自然はときには感動する」42.6％、最少は「山川草木の自然は好きで、とても感動する」35.7％であった。一方、「自分は大切な人間であると認識している者」の、最多は、「山川草木の自然は好きで、とても感動する」61.6％で、次いで、「山川草木の自然はときには感動する」55.1％、最少は、「山川草木の自然には何も感動しない」45.2％であった。

図 10-3 日本人の山川草木の自然は好きで、とても感動するものは、「自分は大切な人間である」自尊感情を認識している

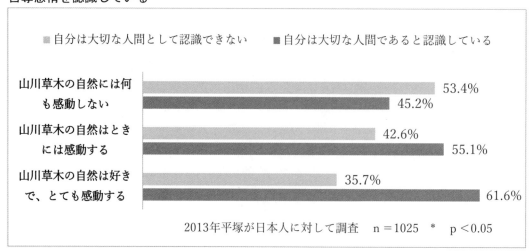

4) 山川草木の自然は好きで、とても感動する者は、「自分に能力のあることを説明され、褒められた」関係

「山川草木の自然は好きで、とても感動する者」と、「自分に能力のあることを説明され、褒められた」関係において、「自分に能力のある事を説明され、褒められたことはない者」の最多は、「山川草木の自然には何も感動しない」32.9%、次いで「山川草木の自然はときには感動する」20.9%、最少は「山川草木の自然は好きで、とても感動する」15.5%であった。一方、「自分に能力のあることを説明され、褒められた者」の最多は、「山川草木の自然は好きで、とても感動する」84.1%で、次いで「山川草木の自然はときには感動する」78.7%、最少は「山川草木の自然には何も感動しない」65.8%であった。

図 10-4 山川草木の自然は好きで、とても感動するものは、「自分に能力のあることを説明され、ほめられた」経験がある

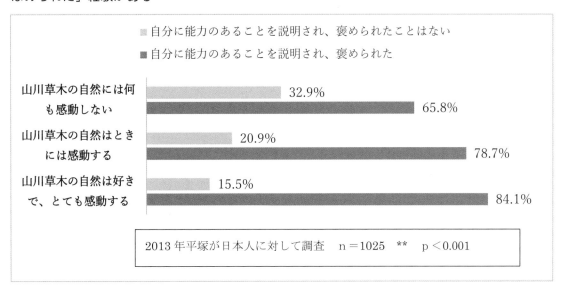

5) 山川草木の自然は好きで、とても感動する者は、「体はだるくない」関係

「山川草木の自然は好きで、とても感動する者」と、「体はだるくない」関係において、「体はだるくない」最多は「山川草木の自然は好きでとても感動する」52.7%、次いで、「山川草木の自然はときには感動する」49.0%で、最少は、「山川草木の自然には何も感動しない」46.6%であった。一方、「体がだるくて疲れやすい」最多は「山川草木の自然はときには感動する」50.4%、次いで、「山川草木の自然には何も感動しない」49.3%、最少は「山川草木の自然はとても感動する」46.4%であった。

図 10-5 山川草木の自然が好きで、とても感動するものは、「体はだるくない」

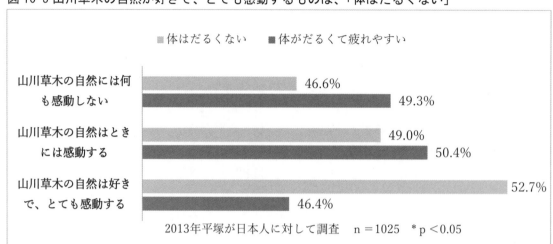

5. 考　察

1.

　図 1 のごとく、ストレッサーが生じると、視床下部が反応してストレッサーを撃退するホルモンコルチゾールを分泌する。

　ストレッサーに対しては、①コルチゾールを分泌する（警告器）。②コルチゾールが、ストレッサーと戦って、ストレスを抑えようとする（抵抗期）。③抵抗もむなしくストレッサーを撃退できず、ストレス状態が続く（疲労期）がある。日本人がストレスを感じていると意識するのは疲労期である。

　日本人の小学生、中学生、高校生、学生、成人に対して調査したストレス兆候は、図 1 である。ストレスが疲労・疲弊期にある日本人は、ストレス兆候を感じる者と学齢の関係において、「眠気がある者」の最多は学生 69.6%、であった。「脱力感のある者」の最多は学生 38.0% で、「目の疲れがある者」の最多は成人 44.2% で、「肩がだるい者」の最多は中学生 32.7% で、「肩がこる者」の最多は成人 43.4% で、「脚がだるい者」の最多は学生 15.2% で、「頭痛がある者」の最多は学生 25.3% で、「倦怠感がある者」の最多は学生 40.5% で、「気がちる者」の最多は学生 26.6% で、「思考力減退がある者」の最多は学生 27.8% であった。ストレス兆候を感じて兆候に追い込まれていた。

　現代人は複雑化した社会機構のせいで、多様なストレッサーに囲まれている。その一方で、甘やかされて育てられたためにストレッサーに弱い人間が多いという指摘もある。解消されないストレスによって、心身の健康を害する人間は増えている。

2.

　「勉強なんてどうでもいい」と思っている子どもにとっては、悪い点数を取ることは重要な出来事ではない、ストレス反応もあまり表出されない。問題に対して積極的に働きかけるが、あまりにも驚異的である場合には、逃避や回避的対処が実行される。ストレスの関係では、図 2 では、筆者は、以前に児童生徒の不登校がモラトリアム人間形成素因になることを

- 16 -

報告してきた[3]。一度選択されたストレス対処がストレス反応を低減した経験は、類似したストレッサーに直面した際には、対処方法を採用しやすくなる。

　図3では、協調性や柔軟性が向上するため、他人とうまく付き合えるようになり、社会的にも意味のあることである。

　ノルアドレナリンは適量であれば、脳に適度な緊張をもたらし、ワーキングメモリーの働きをスムーズにする効果がある。適度に緊張していた方が、仕事が上手くできる。ノルアドレナリン神経は、仕事脳だけでなく、脳全体にネットワークを持ち、身体に起きた危機に対処するための様々な反応を引き起こす。一方、ノルアドレナリンが過剰になる原因は、過度のストレスである。ストレスが強すぎたり、溜まりすぎたり、長期間加わり続けると、ノルアドレナリンが過剰になり、脳の興奮がコントロール出来なくなる。脳の異常興奮はうつ病をはじめ、不安神経症や、パニック障害、強迫神経症や対人恐怖など様々な精神疾患をもたらすと有田秀穂が示唆している[4]。

3.

　図3-2では、我々は、自己の肯定的な側面に注目して自尊心を高く保とうとする。どんなに自尊感情の高い人でも、ストレスやプレッシャーが持続的にさらされると自尊感情は低くなるのである。一方でこれは、裏を返せば自尊感情が低い人も環境によって次第に回復できるということでもある。

　図4では、ドーパミン神経はちょうどよい状態にあれば、意欲やポジティブな心の状態を作り出すとされる。快の興奮は心地よさと「意欲」をもたらすとされる。

　メンタルヘルスを健全に保つことがさまざまな研究結果から示唆されている。

4.

　図5-では睡眠は生物の中でヒトと木の上で眠る鳥類だけが、他の動物に襲われないように手が打てるようになって初めて深い眠りを手に入れることができた[5]。

　人では、夢を見る「レム睡眠」と大脳を休める「ノンレム睡眠」が約90分周期で変動し、朝の覚醒に向けて徐々に始動準備を整えます。睡眠は心身の疲労を回復させ、エネルギー充電に繋がり、ストレス解消のためにはとても重要である。質の良い睡眠によって、体内の修復を促す成長ホルモンが多く分泌され、疲労回復が促進され、また自律神経も整いストレスが軽減される。

　セレトニン神経が弱って、セレトニンが十分に出ていないと、朝の目ざめが悪く、活動体制への切り替えがスムーズにできない。

　起床困難には、睡眠の問題、生活習慣の影響、こころの病気、起立性調節障害、低血圧などがある。小学生、中学生では、発達障害なども睡眠に影響し、起床困難の理由になることがある。学習を反復する効果はこの固定化が再固定化されることである。ここには、サーカデアン・リズムの制御でアセチルコリン、セロトニン、ノルアドレナリン、ドーパミンなどの神経伝達物質が関与する。

5.

　図6では、肉体的疲労、精神的疲労、神経的疲労です。体を動かすことによって起こる、

疲れや、だるさが肉体的疲労。同じ姿勢をずっと続けたことによる疲労も肉体的疲労にあたる。精神的疲労は、ストレスが要因となって起こるものである。神経的疲労は、パソコン作業などで視神経を酷使したり、脳の緊張によって起こる疲労である。情報を受け取った脳の室傍角は CRH という副腎皮質時劇ホルモン放出ホルモンを出す。このホルモンは下垂体を刺激し、ACTH という副腎皮質刺激ホルモンを出す。このホルモンが副腎皮質を刺激することによって、副腎皮質の肥大とストレスホルモン「コルチゾール」の大量分泌が、高血圧や糖尿病を引き起こし、病気をつくり出していく[6]。

6.

図 7、なお、学業ストレスに対して、あきらめ対処を多く採用する生徒は、"無気力感"を、いだいたり、"頭痛や全身のだるさ"の身体症状を示す。ACTH が分泌されると副腎から「副腎皮質ホルモン（コルチゾール）」が分泌される。海馬や視床下部には、このコルチゾール受容体が濃密に存在している。その結果、コルチゾールの影響を受け、老化以上の速さで、神経細胞が脱落し、著しい時には記憶障害や痴呆に陥ることがある。PTSD（心的外傷後ストレス障害）になるのも海馬が影響を受けることに原因があるのではと考えられている。

図 8、子どもの思考は年齢の経過によって、具体的思考から抽象的思考、さらに倫理的、道徳的思考へと発達する。未来を考え、現実を考え、心の中を考える。これは教育や学習、経験や反省などにより発達する[7]。これは、問題解決能力、集中力、自制心の発達にも役立つ。

日本とスウェーデンのストレス対処方法

図 9-1、ストレス対処理論は人間がストレスを受けた時、自分自身の心の中でどのようにストレスに対処しているかを説明した理論である。ラザラスとフォークマンによれば、ストレス対処は 2 通りある。問題焦点型対処の場合は、ストレスの原因となったものは、何なのかを自分で考えて、原因を自分の力で解消しようとする。感情焦点型対処は、自分の感情をコントロールしてストレスの原因となったものを「気にしない」ようにしたり、「嫌なことは考えない」「思い出さない」ようにする対処法である。感情焦点型対処は、自の感情を厳しく抑圧するケースが多い[8]。

リズム運動は最低 5 分行えば脳の中で、セロトニン神経が活性化し、セロトニンの放出が増えるとされる。

図 9-2、人は動物の中でも、広範囲の物を食べる。脳が進化する過程で、味覚も進化してきたといえる。しかし、自己肯定感が低下すると、何もしたくなくなることがあります。そんな中、自分の心を満たそうとし、食べる機会が増えたりするのです。

イライラしているときに食べると落ち着いた、落ち込んでいるときに食べると機嫌がよくなった。これを、心理学ではエモーショナル・イーティング（感情の摂食）と呼び、ネガティブな感情をポジティブに満たすための欲求なのです。

山川草木の自然を取り入れる教育実践により、感動体験を与える効果がある。

文部科学省は体験教育について、豊かな人間性、自ら学び、自ら考える力など、生きる力

の基盤、子どもの成長の糧としての役割を来たしている。

　ドーパミンは、脳を興奮する興奮物質の一つである。「山川草木の自然は好きで、とても感動する者」の、この興奮は「快感」であり、快の興奮は心地よさと「意欲」をもたらすとされる。一方、ストレスをコントロールできず、感情を爆発させ、キレる状態は「ストレスである」。ドーセロトニン神経の機能が低下すると、残虐な行動をとることを、動物実験で明らかになっている[9]。

　自然との触れ合いは、子どもの①「学習能力」、②「創造力」を高め、③「メンタルヘルス」を健全に保つことがさまざまな研究結果から示唆されている。また、自然のなかで活動することは屋外活動につながるので、子どもの④「肥満抑制」にも効果があると言われている。すべてがお膳立てされている遊び（たとえば遊園地等）とは異なり、体系化されていない自然のなかでの遊びは、⑤「問題解決能力」、⑥「集中力」、⑦「自制心」の発達にも役立ち、⑧「協調性」や⑨「柔軟性」が向上するため、⑩「他人とうまく付き合えるようになり」、社会的にも意味のある遊びといえる。

　自然の中での、精神的、体験的関係について、森林に入ると独特のにおいが漂っている。"フィトンチッド"と言う、森林から発散されている成分のにおいである。疲労を回復される効果が確認されている「青葉アルコール」や「青葉アルデヒド」があり、緑の香りの成分であることについて、水田仁が示唆している[10]。
「山川草木の自然は好きで、とても感動する者」は「イライラや怒ることのない」関係において、極めて高い有意の差があった。

　図 10-4、では目や耳などから入った情報は、大脳の後頭葉や頭頂葉に分布している知覚野の皮質で認識され、その情報が海馬まで行って記憶の作業に入る。前頭葉を使って考えた抽象的なアイデアなども、海馬まで情報が運ばれて記憶されていくとされる。セロトニン神経の働きは、集中力が高まったときと、夜間のレム睡眠中に停止する。学習効果を高めるために必要なことは、集中力と十分な睡眠であると考えられる。

　しかしセロトニン不足は怒りや不安感情と攻撃性を増加させるネガティブな面も持ち合わせており、バランスの良い生活が望まれる[11]。

　山川草木の自然が好きで感動した体験をして者は、多くの知覚野を動員されていて同時に喜怒哀楽を伴った感動を味わっていることに、「山川草木の自然に感動する者」は「集中力や記憶力が劣っていない」関係において、極めて高い有意の差があった。

　自尊心が高い人々は、一般的に幸福、健康、生産的で、自身があり、チャレンジ精神が旺盛であるようである。一方、自尊心が低い人は気分が落ち込みやすく、将来に悲観的、様々な課題に失敗する傾向があると表している[12]。

　社会的自己を含む自己に対する肯定的な評価を自尊心あるいは自尊感情と呼ぶ、山川草木の自然は好きで、とても感動する経験がある者は、自尊心が高い有意な差があった。

　自然のなかで活動することは屋外活動につながるので、生涯学習局　青少年教育課では、自然の中での生活や活動は、心身をリフレッシュさせ健康・体力の維持増進にも役立つものであると示唆している。山川草木の自然は好きでとても感動する経験のあるものは、「体はだるくない」と有意な差があった。

　図 10-5、ヒトは、人間関係などによる精神的ストレスを受けた時は、大脳皮質や大脳辺縁系が興奮し、視床下部の室傍核に伝わる。下垂体前葉の ACTH 産生細胞で ACTH を合

成・分泌させて、副腎から「副腎皮質ホルモン（コルチゾール）」が分泌される。なお、海馬や視床下部もコルチゾール受容体が濃密に存在して、とりわけ痛みや、恐怖などの記憶をダイレクト受けやすい海馬は格好の標的となり、結果、コルチゾールの影響を受け、加齢による老化以上の速さで神経細胞が脱落し、著しい場合では記憶障害や痴呆に陥ることもあり、強烈な恐怖体験後がもとで，PTSD（心的外傷後ストレス障害）も、海馬が影響を受けることに原因があるのではと、考えられている[13]。

　子どもにとっては、ストレスフルな出来事である「良い成績を取りたい」と考えている子どもが、成績が下がると親から、きつく叱られると、"イライラしたり落ち込んだり、あるいは不安"になったりする。

　学業成績に対して、あきらめ対処を多く採用する生徒は、"無気力感をいだき、頭痛や全身のだるさ"の身体症状を示す。

　問題を回避してしまう子どもは、強いストレス反応を表し、"不登校や引きこもり"を表出することになる。

　前頭前野には抽象的な思考に関わる神経回路があり、集中力を高めて作業に専念させる役割を果たすとともに、ワーキングメモリー（計算をする場合などに情報を一時的に記憶すること）として働き、また、精神の制御装置としての役割を担っていて、状況にそぐわない思考や行動は抑制する。このような働きにより、集中や計画、意思決定、洞察、判断、想起などができるのである。

　なお、コルチゾールが多量に分泌され続けると、ストレスに弱い海馬を収縮させて、記憶や感情を鈍らせ、視床下部にも影響を与え、食欲や性欲、睡眠欲のバランスを崩す、2週間続くと、うつ病と診断されると米山公啓が示唆する[14]。

　古皮質から湧きあがった怒りの衝動を、大脳新皮質である前頭葉の理性で押さえつけている古皮質が発する潜在的な「怒り」や「憤り」に解決が与えられない「抑圧された状態」は、本人に自覚はなくても、強い怒りや衝動がずっと蓄えられたままでいる、この状態でいつか爆発する危険をはらんでいて、怒りを抑えきれなくなった「視床下部」はついに新皮質と不調和のまま暴走を始める。自律神経系は状況を判断しながらコントロールしている、しかし制御不能になる。自律神経系の一つが崩れて、その臓器が故障を起こすことになることを永田和哉が示唆している[15]。

　とりわけ幼児や学の海馬にはグルココルチコイド受容体が高密度に存在しており、長期のストレスは海馬ニューロンの樹状突起の成長を弱め、学習能力の低下を招く。

疲労を回復させる効果

　幼児や学童でのストレス不安には家族からの安全保障が最も重要である。なお、動物実験において、よくハンドリングされた仔ラットほどストレッサーに対して血中グルココルチコイド濃度は上昇しないと、竹下健三が示唆している[16]。

　一方、森林浴をするとリフレッシュした気分になる。疲労を回復させる効果が証明されつつある「青葉アルコール」や「青葉アルデヒド」は青葉の香りの成分は、疲労が原因で、起きる副交感神経失調を防ぐ効果があるとされる[17]。

スウェーデンの教育効果

「スウェーデンの就学前学校（保育園・幼稚園）では、子どもが『自然の中で遊ぶこと』をとても重視している。体力面はもちろんであるが、自然の中でのびのびと遊ぶ『体験』こそが、子どもたちの意欲と関心を高め、学びを深めることにつながると考えているからであり、自然の中には、子どもの好奇心をかきたてる材料が豊富に揃っているのである。それらを使って創造力と想像力、問題を発見・解決する力、社会性などを身につける」ことが目標である。しかしながら、スウェーデンでも、50年程前は大人が子どもに厳しく教える『管理教育』が主流だったといわれるが、徐々に子どもの主体性を伸ばす現在の方法に変わってきた。こうした背景には、『子ども観』の変化があるといえる。

現在のスウェーデンでは、子どもは『何もできない存在』ではなく、『生まれたときから十分に学ぶ能力を持っている個人』と捉えている。大人が一方的に知識を教え込むことはむしろ、子どもの成長や発達を阻害している、という考えに大きく方向転換してきた経緯がある」と考えられている。

なおスウェーデンと日本の出生率の比較において、厚生労働省（人口動態統計）によれば、合計特殊出生率は、日本2010年1.39、スウェーデン2010年1.98である。スウェーデンの人は、人間関係などによる精神的ストレスを受けた時は、大脳皮質や大脳辺縁系が興奮し、視床下部の室傍核に伝わる。視床下部の室傍核は、ストレスに対応するための司令塔であり、「室傍核→下垂体→副腎系」へと信号が伝わる。そこで、下垂体前葉のACTH産生細胞でACTHを合成・分泌させて、副腎から「副腎皮質ホルモン（コルチゾール）」が分泌される。なお、海馬や視床下部もコルチゾール受容体が濃密に存在して、とりわけ痛みや、恐怖などの記憶をダイレクトに受けやすい海馬は格好の標的となり、結果、コルチゾールの影響を受け、加齢による老化以上の速さで神経細胞が脱落し、著しい場合では記憶障害や痴呆に陥ることもあり、強烈な恐怖体験後もとで、PTSD（心的外傷後ストレス障害）も、海馬が影響を受けることに原因があるのではと、考えられている永田和哉が示唆している[16]。

子どもにとってはストレスフルな出来事である「良い成績を取りたい」と考えている子どもが、成績が下がると親から、きつく叱られると、"イライラしたり落ち込んだり、あるいは不安"になったりする。

一方、学業成績に対して、あきらめ対処を多く採用する生徒は、"無気力感をいだき、頭痛や全身のだるさ"の身体症状を示す。

問題を回避してしまう子どもは、強いストレス反応を表し、"不登校や引きこもり"を表出することになる。

前頭前野には抽象的な思考に関わる神経回路があり、集中力を高めて作業に専念させる役割を果たすとともに、ワーキングメモリー（計算をする場合などに情報を一時的に記憶すること）として働き、また、精神の制御装置としての役割を担っていて、状況にそぐわない思考や行動は抑制する。このような働きにより、集中や計画、意思決定、洞察、判断、想起などができるのである。

なお、コルチゾールが多量に分泌され続けると、ストレスに弱い海馬を収縮させて、記憶や感情を鈍らせ、視床下部にも影響を与え、食欲や性欲、睡眠欲のバランスを崩す、2週間続くと、うつ病と診断されると米山公啓が示唆する[17]。

古皮質から湧きあがった怒りの衝動を、大脳新皮質である前頭葉の理性で押さえつけて

いる古皮質が発する潜在的な「怒り」や「憤り」に解決が与えられない「抑圧された状態」は、本人に自覚はなくても、強い怒りや衝動がずっと蓄えられたままでいる。この状態でいつか爆発する危険をはらんでいて、怒りを抑えきれなくなった「視床下部」はついに新皮質と不調和のまま暴走を始める。自律神経系は状況を判断しながらコントロールしている、しかし制御不能になる。自律神経系の一つが崩れて、その臓器が故障を起こすことになることを永田和哉が示唆している [18]。

とりわけ幼児や学の海馬にはグルココルチコイド受容体が高密度に存在しており、長期のストレスは海馬ニューロンの樹状突起の成長を弱め、学習能力の低下を招く。幼児や学童でのストレス不安には家族からの安全保障が最も重要である。なお、動物実験において、よくハンドリングされた仔ラットほどストレッサーに対して血中グルココルチコイド濃度は上昇しないと、竹下健三が示唆している [19]。

一方、森林浴をするとリフレッシュした気分になる。疲労を回復させる効果が証明されつつある「青葉アルコール」や「青葉アルデヒド」は青葉の香りの成分は、疲労が原因で、起きる副交感神経失調を防ぐ効果があるとされる水谷仁が示唆している [20]。

スウェーデンの教育について

「スウェーデンの就学前学校（保育園・幼稚園）では、子どもが『自然の中で遊ぶこと』をとても重視している。体力面はもちろんであるが、自然の中でのびのびと遊ぶ『体験』こそが、子どもたちの意欲と関心を高め、学びを深めることにつながると考えているからであり、自然の中には、子どもの好奇心をかきたてる材料が豊富に揃っているのである。それらを使って創造力と想像力、問題を発見・解決する力、社会性などを身につける」スウェーデンでも、50年程前は大人が子どもに厳しく教える『管理教育』が主流だったといわれるが、徐々に子どもの主体性を伸ばす現在の方法に変わってきた。こうした背景には、『子ども観』の変化がある。

現在のスウェーデンでは、子どもは『何もできない存在』ではなく、『生まれたときから十分に学ぶ能力を持っている個人』と捉えている。大人が一方的に知識を教え込むことはむしろ、子どもの成長や発達を阻害している、という考えに大きく方向転換してきた経緯がある」と考えられている。

疲労を回復させる効果なおスウェーデンと日本の出生率の比較において、厚生労働省（人口動態統計）によれば、合計特殊出生率は、日本、2010年1.39　スウェーデン2010年1.98である。スウェーデンは男女機会均等から家族政策や女性開放政策によって、少子化を食い止めたのである。

スウェーデンにおけるライフステージに応じた社会制度を概観すると次の通りである。
①母親は産前7週間、産後7週間の休暇を取得できる。もう一方の親（通常父親）も10日間の休暇が可能である。出産費は原則無料である。
②育児休暇は子1人に対し16ヶ月（480日）で、うち3ヶ月（90日）はパパ・ママ固有のもので、パパ・ママそれぞれが取らないと権利がなくなる。13ヶ月は従前所得の8割が所得補償され、残りの3ヶ月は1日あたり約2千円が支払われる。13ヶ月は子供が4歳になるまで、残りの3ヶ月は12歳になるまではどの時期に取得しても構わない。

③待機児童は原則おらず平成8年（1996年）に幼保一元化が実現している。保育所への入所を希望する1歳以上の子どもにこれを提供する義務を各コミュン（市町村）が負っている。

④小学校から大学まで学費は無料。生活費については57歳未満の大学生は政府から奨学金を受け取ることができる（奨学金の3分の1は無償、3分の2はローン）。

⑤医療面では外来受診の自己負担は年約1万3千円が上限で、18歳未満と85歳以上は無料。傷病による休暇中は従前所得の8割が補償される。

日本の出生率の予防と先天異常は、人体の発生学から学ぶ

厚生労働省（人口動態統計）によれば、日本2010年1.39である。乳児死亡の第1の原因である先天性異常を予防するメカニズムは、生まれてくる子どもの状態をよくするばかりではなく、生後長期にわたる健康にも役立ち、母親の喫煙、栄養、ストレス、糖尿病など出生前の体験の影響を受けている、これ等は生後の健康において役割を演じている。単一細胞から始まって、器官源基が確立されるまでの期間（ヒトでは発生の最初の8週間）は胚子形成ときには器官形成期とよばれる。ほとんどの先天異常が、発生第8週以前に生じる事実であるから、先天異常予防は受胎前から始めなければならないとT・W・サドラー、が示唆している[21]。日本の、この時期の先天性異常の予防は、母親に健康指導する専門家の養成が急務である。先天性異常を予防することによって、流産も予防することに繋がり、健康な子どもの出生により少子化の予防に寄与できると考えられる。

終わりに

体系化されていない自然のなかでの遊びは、①「問題解決能力」、②「集中力」、③「自制心」の発達にも役立ち、④「協調性」や⑤「柔軟性」が向上するため、⑥「他人とうまく付き合えるようになり」、社会的にも意味のある遊びと言える。

山川草木の自然は好きで、とても感動する経験のある者では「自分に能力のある事を説明されて他者から、褒められている」ことは、"自尊心の高い人"は、自己を実際よりも肯定的にみる傾向があるとされ、「山川草木の自然は好きで、とても感動する者」と、「自分に能力のあることを説明され、褒められた」関係において極めて高い有意の差があった。

一方、近年、日本の車社会型社会は、歩行することと屋外を歩くことを著しく減少させており、昼間でも人の目に入る光線が少なくなっている。朝早くから太陽を浴びて体を動かすのは体にもいい、セロトニン神経にもいい、人と人との結びつき、自然との結びつきが、幸せになれる生き方で、自然の中で、生きることができなくなるほど、人間が、ひ弱になり、生きる能力が失われると考えられる。

【文献】
1）小此木啓吾：モラトリアム国家・日本の危機、祥伝社、平成10年8月
2）堀野緑、子どものパーソナリティと社会性の発達、北大路書房、2000年5月
3）平塚儒子、親の将来展望が子供の将来展望に及ぼす影響、純真福祉文化研究、2003号、41-

51
4）有田秀穂、脳からストレスを消す技術、サンマーク出版、2010 年 9 月

5）永田和哉、脳とココロ、かんき出版、2003 年 7 月

6）有田秀穂、脳からストレスを消す技術、サンマーク出版

7）竹下研三、人間発達学―人はどう育つのか、中央法規出版 2009 年 2 月

8）辰永光彦、社会心理学、日本文芸社、平成 15 年 8 月

9）有田秀穂、脳からストレスを消す技術、サンマルコ出版、2010 年 9 月

10）ニュートン別冊、「心」はどこにあるか　脳と心、脳の最新科学、そして心の関係、ニュートンプレス、2010 年 11 月

11）有田秀穂、脳からストレスを消す技術、サンマルコ出版、2010 年 9 月

12）辰永光彦、面白いほどよくわかる社会心理学、平成 15 年 8 月

13）永田和哉、脳とココロ、かんき出版、2003 年 7 月

14）米山公啓　入門　脳の不思議　宝島社　2014 年 10 月

15）永田和哉、脳とココロ、かんき出版、2003 年 7 月

16）竹下健三、人間発達学、中央法規出版、2009 年 2 月

17）ニュートン別冊、脳とココロ脳の最新科学、そして心都の関係水谷仁、2010 年 11 月

18）永田和哉、脳とココロ、かんき出版、2003 年 7 月

19）竹下健三、人間発達学、中央法規出版、2009 年 2 月

20）水谷仁、ニュートン別冊、脳とココロ脳の最新科学、そして心都の関係、2010 年 11 月

21）Ｔ・Ｗ、サドラー、ラングマン人体発生学、第 11 版、2017 年 3 月

運動がヒトの心身に及ぼす影響

前東京医療保健大学和歌山看護学部　**宇城靖子**
前帝塚山学院大学人間科学部　**平塚儒子**

要　旨

運動が心身に及ぼす影響について調査した。結果、筋力が落ちている者の出生年代は1930－1939年代が高く。筋力が落ちていない者と歩く時間との関係において、長く歩く人のほうが、筋力が落ちていなかった。なお、体温が低い者は腹筋や背筋が弱くなっている者のほうがすぐに座りたくなる状態にあった。さらに筋力は集中力と記憶力に有意な関係があり、脂質異常症、骨粗鬆症は集中力と記憶力に有意な関係があった。その対策はウォーキングなどの有酸素運動がよく、集中力と記憶力も小脳に保存されてスムーズな動きになると考えられた。

1.　序　論

　認知症や加齢にともない増える2型糖尿病や肥満のある人は、健康を維持するために「適度な運動」が必要であることは、多くの研究や調査で確かめられている。しかし、どれくらいの運動を行うと「適度」で、また運動の何が体に良い影響をもたらすのか考えてみたいと思う。

　小脳は、運動や姿勢のコントロールセンターである。大脳で学習された運動は小脳に保存され、効率的に利用される。さらに、運動で生じる骨への「力（衝撃）」は、骨の健康を維持するために必要で、骨だけでなく体のほとんどの臓器や組織でも、炎症や老化に関わるタンパク質の活性を抑制する効果があるとされる。さらに、（篠浦ら，2015）は小脳の役割について、体の動かし方の経験で、繰り返し練習しうまくいったことを保存することを示している[1]。

　記憶の保存について、ふだん我々が経験したことは、一次的に「海馬」で整理され、大脳皮質の前頭前野以外の場所に分散されて記憶されていく。前頭前野はこれらの記憶を分析したり、判断したりという思考を行う。大脳皮質でこのような思考を繰り返していると、小脳が大脳皮質の記憶を、前頭前野による無意識下での判断・分析に使われるような形に変えて小脳内に保存する。

　前頭前野は大脳皮質の記憶だけでなく、小脳に保存された内部モデル（意識的に体を動かすときは、大脳皮質の運動野から手足の筋肉に指令が送られる）を使うと大脳基底核を使った場合と同じように、無意識的に素早い反応をおこせることを示している[2]。さらに、（池谷，2018）は、扁桃体は情動の中枢で感情の源で「快・不快」や「怖い・怖くない」など判断し、記憶の中枢である海馬と関係が深いことも示している[3]。

　ウォーキングなどの有酸素運動は、上下動(飛んだり飛び跳ねる動き)をともなうものが

多く、骨や体に「力(衝撃)」が加えられる。運動で骨や体に加わる衝撃が重要な働きをしている。

　そこで、この運動が集中力と記憶力や筋力、骨粗鬆症と関係していることについて検討したので報告する。

キーワード
　　身体運動、筋力、集中力と記憶力、骨粗鬆症

2．方　法

1) 研究デザイン、無記名自記式質問紙による横断研究
2) 調査対象者は同意の得られた男女 2,977 人
3) 調査区域は大阪府、京都府、福岡県、長崎県、宮城県、長野県
4) 調査期間は 2015 年
5) 調査項目は「日本人のあなたの骨の健康調査」の運動が心身に及ぼす影響に関係した項目とした。「出生年代」「骨粗鬆症の有無」「脂質異常症の有無」「集中力と記憶力が劣っている、劣っていない」「筋力が落ちている、筋力が落ちていない」「毎日平均して歩く時間」
6) 調査方法は、調査区域の一般住民、大学、短大、専門学校、府県の教育委員会に対して文書で依頼し、同意された施設に対して具体的な調査の説明を行った。
　　倫理的配慮は、施設に対しての同意と調査対象者に対して同意書のある者に、約 10 分の回答時間で一斉に調査を行った。
　　なお、論文では主題に関連のある質問・回答事項のみを抽出し、整理して報告した。
7) 分析方法は、調査結果を一次集計し、1 次集計の後にクロス集計を実施し、そして χ^2 検定において有意の差のあったもの（p＜0.05）をデータとした。
8) 利益相反の開示
　　本研究における利益相反は存在しない。

3．結　果

1) 筋力が落ちている者と出生年代（図 1）
　筋力が落ちている者の出生年代は、「筋力が落ちている者」と「筋力が落ちていない者」との関係において、「筋力が落ちている者」の出生年代の最多は、1930－1939 年生まれ 48.1％で、次いで、1950－1959 年生まれ 42.8％、1960－1969 年生まれ 42.0％、1940－1949 年生まれ 41.6％、1970－1979 年生まれ 38.4％、1980－1989 年生まれ 30.0％、最少は 1990－1999 年生まれ 26.2％であった。

図1　筋力が落ちている者の出生年代

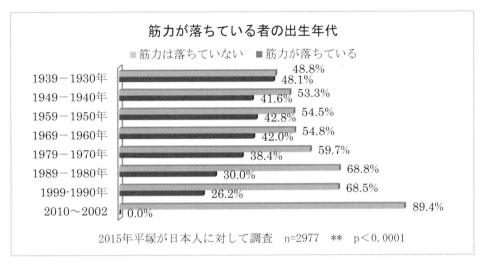

2）歩く時間が筋力に与える影響（図2）

　「毎日平均して歩く時間」と「筋力が落ちていない」関係において、「筋力が落ちていない」の最多は2時間以上72.9%、次いで1時間30分65.5%、1時間の62.0%順で、最少は30分以内の57.9%であった。一方、「筋力が落ちている」の最多は30分以内38.1%、次いで1時間の33.6%、1時間30分の31.1%の順で、最少2時間以上25.7%であった。

図2　歩く時間が筋力に与える影響

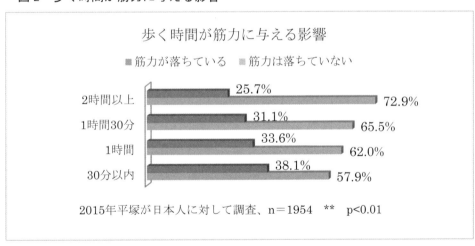

3）筋力が集中力と記憶力に及ぼす影響（図3）

　筋力が集中力と記憶力に及ぼす影響は、「集中力と記憶力が劣っていない者」と「筋力が落ちていない者」との関係において、「筋力が落ちていない者」は、「集中力と記憶力が劣っていない」82.8%で、「筋力が落ちている者」54，9%よりも多く、一方、「集中力と記憶力が劣っている者」では、「筋力の落ちている者」45.1は、「筋力の落ちていない者」17.2%よりも多かった。

図3　筋力が集中力と記憶力に及ぼす影響

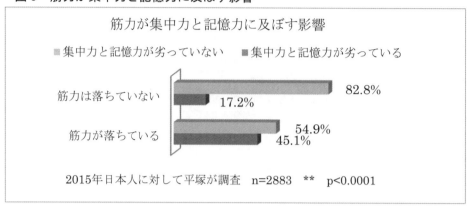

4）脂質異常症と集中力と記憶力が劣っていないとの関係（図4）

　脂質異常症と集中力と記憶力が劣っていないとの関係は、「集中力と記憶力が劣っていない者」と「脂質異常症はない者」との関係において、「脂質異常症はない者」は、「集中力と記憶力が劣っていない者」73.0%で、「脂質異常症がある者」57.0%よりも多く、一方、「集中力と記憶力が劣っている者」では、「脂質異常がある者」43.0%は、「脂質異常症がない者」25.5%よりも多かった。

図4　脂質異常症と集中力と記憶力が劣っていない関係

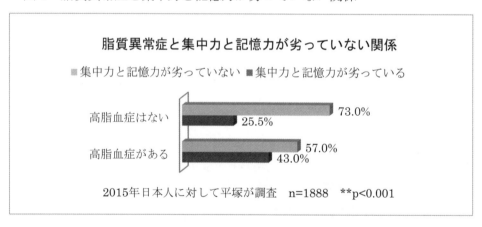

5）骨粗鬆症と集中力と記憶力との関係（図5）

　骨粗鬆症と集中力と記憶力との関係において、「骨粗鬆症でない者」は、「集中力と記憶力が劣っていない」が72.4%で、「骨粗鬆症である者」56.0%よりも多く、一方、「集中力と記憶力が劣っている者」では、「骨粗鬆症である者」44.0%、「骨粗鬆症でない者」26.1%よりも多かった。

図5 骨粗鬆症と集中力と記憶力に及ぼす影響

6）体温と“腹筋や背筋が弱くなってすぐに座りたくなる者”の関係（図6）

　体温と“腹筋や背筋が弱くなってすぐに座りたくなる者”の関係において、腹筋や背筋が弱くなってすぐ座りたくなる者の最多は体温≦35.0℃が52.8％、次いで、35.1℃～36.0℃の者が41.0％、37.0℃≦者が39.5％、36.1℃～36.5℃の者が38.7％の順で、最少は36.6℃～36.9℃の者の 34.8％であった。一方、“腹筋や背筋が弱くない、すぐに座らない者”の最多は、36.6℃～36.9℃の者64.3％、次いで、36.1℃～36.5℃の者60.9％、37.0℃≦の者60.5％、35.1℃～36.0℃の者57.7％の順で、最少は体温≦35.0℃の者46.0％であった。

図6 体温と“腹筋や背筋が弱くなってすぐに座りたくなる者”の関係

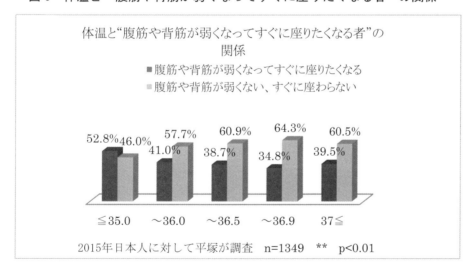

4. 考　察

　今回の調査結果、筋力と骨粗鬆症が、集中力と記憶力に影響を及ぼしていた。このことは、筋力を落とさない、骨粗鬆症を予防するための運動が大切とされ、運動することにより筋力低下を予防し骨代謝の活性化、老化予防につながると考えられた。

1）筋力が落ちている者と出生年代について

　筋力が落ちている者の出生年代は、1930－1939年生まれ5割弱と多く、高齢者ほど筋肉量が落ちているという結果であった。筋力が落ちる原因に、低栄養による体重減少がサルコペニア（筋力・筋肉量の減少）になり、基礎代謝量も低下している状態にあると考えられた。老化予防、フレイルを予防のために筋力量の減少を防ぐ運動・ウォーキングと低栄養の改善としてタンパク質摂取を推奨されている。

　運動による疲労について、（上田,2009）は、脊髄内の神経線維と神経細胞の接合部（シナプス）や運動神経と筋接合部（終板）は特に疲労しやすい。運動が長時間に及ぶと神経伝達物質でアセチルコリンは分泌不能となり、伝達不良による神経疲労が生じることを示している[4]。高強度のトレーニングを行った日や激しいスポーツを行った日は神経筋伝達機構の疲労を早く回復させるために、ビタミンB1やレシチンが多く含まれた食材を選んでの食事が必要である。

2）歩く時間が筋力に与える影響について

　厚生労働省の健康21では、1日7000歩から8000歩の歩行を推奨している。1日の歩く時間の調査結果、1日の歩く平均時間が30分より、60分、90分、120分と長いほど、筋力に影響していた（図2）。散歩の効果について、（林,1999）は、散歩の習慣は骨を強くする。運動時間が長いほど、また負荷量が多いほど骨量増加することを示している[5]。また、（多田,1990）は、瞬発力を生む速筋繊維を、持久力に優れる遅筋繊維に還る事は、訓練によって可能とされる。老化によって衰えるのは、主としてミオグロビンという赤い色のたんぱく質が少ない速筋繊維（白い筋肉）で、ミオグロブリンが多い遅筋繊維（赤い筋肉）を常に鍛えておけば、それほど衰えることはない、老人になっても山登りができるのはそのためであると示している[6]。

3）体温と“腹筋や背筋が弱くなってすぐに座りたくなる者”の関係について

　腹筋や背筋が弱くなってすぐ座りたくなる者の体温は、体温≦35.0℃が5割強、35.1℃〜36.0℃の者が4割と体温が低いと腹筋や背筋が弱くなってすぐに座りたくなる状態にあった。

　（佐藤ら,2011）は熱産生について、身体を構成する細胞の行う様々な活動にはグルコースなどを分解して得られるエネルギーが利用される。必要なエネルギーを作ったり利用したりする過程で熱が発生する。代謝の高い骨格筋や肝臓は特に熱産生が高い、運動時など筋の緊張で熱の発生が起こり、姿勢保持などで筋緊張も産熱することを示している[7]。体温は“腹筋や背筋が弱くなってすぐに座りたくなる者”に影響していると考えられた。

4）筋力が集中力と記憶力に及ぼす影響について

　筋力が集中力と記憶力に及ぼす影響において、運動が脳機能を高めることについて、（篠浦ら,2015）は、体を動かすには、脳を中心にした神経系が関わっている。運動の内容は視覚や聴覚で内容が確かめられる。運動指令は大脳皮質の前頭連合野にどの筋肉をどの程度動かすのか、その行動プランは大脳基底核や小脳で微調整され、脊髄から必要な筋肉に興奮が伝わって運動が行われる。よって、脳機能を高めるにはその運動利用することで高め

られることを示している[8]。運動と小脳の働きについて、運動は小脳の手続き記憶が関係する。さらに、体の動かし方、言葉にあらわせない記憶の一部は小脳に保存されている。身体の動きを制御する小脳が運動記憶を司っている[9]。(永田ら,2003)は「小脳はヒトのあらゆる運動をパターン化してスムーズにできるようにするだけでなく大脳と一体になって身体と心の全体をコントロールしている」ことを示している[10]。認知症の事例が健康体操で、手の振りができたり、ダンスができたりするのは、小脳の働きによると考えられた。

　さらに、運動と記憶力との関係について、脳由来神経栄養因子（BDNF）Brain-derived Neurotrophic Factor が影響する。この BDNF は海馬に多く、認知機能の低下を予防する。(アンデシュ・ハンセン,2022)によると BDNF（脳由来神経栄養因子）は、脳細胞新生を促す。海馬でこの細胞が増えることで短期記憶から長期記憶に貯蔵され、毎日 20 分程度のウォーキングをすることで集中力、注意力、記憶力に影響することを示している[11]。筋肉を動かすと BDNF が増え、BDNF が低下すると骨粗鬆症になる。認知症の事例が運動すると行動がよくなるのはこのことのあらわれで、運動することが認知症、骨粗鬆症予防につながることが示唆された。

　運動と関係するホルモンについて、目や耳から入ってきた情報を総合しながら必要なことを考えて判断し、その場にふさわしい行動をとる。その 3 つのホルモンのドーパミンやセロトニン、ノルアドレナリンは脳に良い物質が分泌される。こうした物質が出ると脳にとって良好な状態になるので当然仕事や勉強のパフォーマンスはあがる。
この 3 つのホルモンについて、筆者の経験とともに述べる。

　①ドーパミンは覚醒ホルモンと言われている。認知症事例の多いデイサービスにおいて、ゲーム、健康体操、災害訓練を行った際、陽気な音楽を流しゲームを実施するとゲームは勝ちたいと一生懸命となり楽しく行うことができていた。また、健康体操は単純な体操は健康に良いと積極的に参加できていた。また、災害訓練時、中庭までグループごと集団で歩行して集合することを予定した。この訓練において、全員、数分で非難することができた。これらの行動は、やる気を引き出す快楽物質のドーパミンが分泌したと考えられた。

　②セロトニンについて、運動がセロトニン神経に影響を及ぼす。セロトニン神経は脳幹の縫線核にある。その周囲に歩行、咀嚼、呼吸などリズム運動を形成する中枢がある。そのセロトニン神経について、(有田,2003)は、脳全体の大脳皮質、感情脳である大脳辺縁系、視床下部、脳幹、小脳、脊髄に影響を与え、意識レベルや元気の状態に演出する。あるいは覚醒を演出する神経で、朝のラジオ体操や散歩などのリズムカルな運動で活性化することを示している[12]。筆者は、施設の利用をしている高齢者に対し、午前中に 15 分間の日光浴とラジオ体操を行った。利用者の反応は元気になったという声を聴くことができた。

　③ノルアドレナリンは、神経を興奮させるホルモンで、ストレスを受けると放出されるホルモンである。(木村,2016)は、「脳や脊髄といった中枢神経系分泌されるノルアドレナリンが分泌されると、意識がはっきりと覚醒し、集中力や記憶力が増す」ことを示している[13]。

　うつ病が起こるメカニズムは、「ココロの病」とされた「うつ病」が、脳科学研究の進歩で、脳機能障害であることがわかってきた。脳内で分泌される神経伝達物質（NTM）の不足が

うつ病の原因に大きく関わっている。NTM とはドーパミン、セロトニン、ノルアドレナリン、アセチルコリンなどの脳内ホルモンのことで、脳内のメッセンジャーとして、情報伝達に大きな役割を果たす。またこれら NTM は、互いにバランスを取りながら分泌量が厳密にコントロールされる。セロトニンは精神の安定を担う脳内物質で、これが十分に分泌されると心が安定し、ココロの健康（メンタルヘルス）を維持できる。運動不足が長期にわたるとセロトニンの分泌量が徐々に減少し、不安や悲しみといったストレスを感じやすくなり、常にストレス過多の状態に陥る。さらに、セロトニンから光の量が減少するとメラトニン分泌が増えるとされるが、この変換で生じる「睡眠」の質も悪くなるため、睡眠不足となり、疲れもとれにくくなる[14]。また、運動不足が続くと全身の血行も悪くなり、新陳代謝が衰えていき、脳のエネルギー不足が生じ、脳神経細胞の活動にも影響を与えNTM 分泌不足となり、ますますストレスを感じやすくなる。運動をすると、心地よい疲れを感じると共に、感情が安定する。しっかり、筋肉を動かすと、心の安定にもつながる。運動と昼寝も大切である。（アンデシュ・ハンセン,2022）は、うつ病の治療に最も効果がある運動は、毎日 20 分から 30 分の歩くことで、うつ病の予防ができて気持ちが晴れやかになることを示している[15]。

　肥満と脂肪細胞について、（中尾 ,2004)は、脂肪組織でレプチンが作られ、レプチンは食欲に影響する。肥満症の人はレプチン抵抗性が生じることで肥満症の成因になる。肥満症は糖尿病、高血圧、脂質異常症などと合併しメタボリック症候群の構成疾患となることを示している[16]。岸本忠三はインターロイキン 6 を発見した。運動することで、このホルモンは筋肉からインターロイキン 6 を放出することで、免疫の働きを抑える作用があることを報告され、免疫の暴走と促進の働きがあると考えられている。

5）脂質異常症と集中力と記憶力が劣っていないとの関係について

　脂質異常症の最も多い原因は、「高カロリー・高脂肪の食事」と「運動不足」であり、事実、「脂質異常症の 8 割は生活習慣病」といわれている。まず必要なのは食事面でのコントロールすることである。脂質異常症は遺伝的な素因に加えて、高脂肪の食事や過食、運動不足といった悪い生活習慣や肥満が原因であり、さらに悪化させる。すっかり欧米化して肉食中心になってしまった現代日本人の食事は、肉食中心の高カロリー、高コレステロール化しており、エネルギー過多になりがち。さらに駅には、エスカレーターなど生活が便利になったこともあり、現代人は運動不足気味である。こうした生活習慣は脂質異常症の大きな原因と考えられ、そのまま近年におけるメタボリックシンドロームの原因とも言われている。メタボは脂質異常症のほか、糖尿病、高血圧症など複数の生活習慣病を併発した状態で、さらなる様々な病気のリスクを高める。

　厚生省は日本人の成人に対する脂肪の摂取量を、エネルギー比率で 20〜25％としているが、1975（昭和 50）年 22.3％、1985（昭和 60）年 24.5％、1995（平成 7）年 26.4％、2005(平成 17)年 25.3％、2015（平成 27）年 26.9％、2019（令和元）年 28.6％と増加している[17]。脂質異常の改善に取り組んだ事例を紹介する。A 氏は毎日の散歩と 1 か月間、食事内容を肉食から青魚と豆腐に変更したことによって、脂質異常は改善し手術ができるようになった。

6） 骨粗鬆症と集中力と記憶力との関係について

　今回の調査結果、骨粗鬆症は集中力と記憶力が関係していた。運動で生じる骨への「力(衝撃)」は、骨の健康を維持するために必要で、骨だけでなく体のほとんどの臓器や組織でも、炎症や老化に関わるタンパク質の活性を抑制する効果があるという。健康維持のために、ウォーキングなどの体に衝撃を与える運動を、1 日 20 分ほど歩くことの必要性を示している [18]。

　運動の効果について（二宮ら、2011）は、運動習慣は筋肉、骨量形成に影響を及ぼすことを表している [19]。運動により骨代謝を維持でき、炎症も抑えられる。さらに、（二宮、2011）は、骨粗鬆症について、骨のたんぱく質と無機質が失われ骨量減少が骨折しやすくなる。骨の破骨細胞と造骨細胞のコントロールをして血管からのカルシウムイオンを骨に吸収させる働きがある。老化は骨形成を低下し、エストロジェンの減少は破骨細胞の働きを優勢にする。骨吸収を亢進することで、骨からのカルシウムイオンが動員し骨量減少になると考えられ、骨粗鬆症に影響することを示している [20]。

　老化によって、骨形成の低下、エストロジェン欠乏が骨吸収の亢進をする。紫外線、経口摂取でつくられる活性型ビタミン D3 の低下、副甲状腺ホルモン作用の増加により、骨吸収の亢進が、骨からのカルシウムイオンの動員が骨量減少する。つまり、加齢による腎機能低下、副甲状腺ホルモンの増加、血中カルシウムの低下が骨粗鬆症に影響すると考えられている。

　カルシウムは骨を強くする。カルシウムは体の中の 99％貯蔵されている。カルシウムは骨や歯を強くし、心臓や脳、筋肉の働き、ホルモン分泌に関係する。体内のカルシウムの調整は骨のカルシウムが関係している [21]。カルシウムが神経伝達を補助してイライラ、神経過敏を予防する。神経伝達が行われるときに、その補助を行うミネラルで、カルシウムが不足するとイライラする、神経過敏になるなどして集中力が低下しやすくなる。

終わりに

　現在、農耕社会から工業化社会、デジタル化社会に変わった。夜までパソコン等を使用し歩く機会が少なくなる生活を送ることによって、運動の機会は減り、筋肉は弱くなり記憶と学習に関わる神経伝達物質の流れも悪くなり、記憶力の低下にもつながる。この経験が小脳に記憶される。その結果、セロトニンが少なくなるとドーパミン量が多くなり、脳が暴走を起こすことになる。さらに運動はうつ病、骨粗鬆症、脂質異常症、老化の予防となり、記憶力、集中力を高め、認知症予防につながることになる。

【文献】

1) 篠浦伸禎監修,木村泰子：美しい脳図鑑,笠倉出版社,pp50-51,2015.
2) Newton　別冊　脳とは何か―ここまで解明された　脳研究の最前線,2019.
3) 池谷裕二：脳と心のしくみ,新星出版社,p112,2018.
4) 上田信夫：動く、食べる、休む Science―健康づくりの生理学―，アイ・ケイコーポレション，2009.

5) 林　泰史：骨の健康学,岩波新書, pp208－209,1999.

6) 多田富雄： NHK サイエンススペシャル　驚異の小宇宙・人体,日本放送出版協会,pp196－198,1990.

7) 佐藤昭夫,佐伯由香,原田玲子編,内田さえ,鍵谷方子,鈴木敦子,佐藤優子：人体の構造と機能第 3 版,医歯薬出版,pp322-323,2011.

8) 前掲書 1）,pp86-88.

9) ニュートン,心はどこにあるのか　脳と心,脳の最新科学,そして　心との関係,ニュートンプレス,2010.

10) 永田一哉監修,小野瀬健人：脳とココロ,かんき出版,pp58－60,2003.

11) アンデシュ・ハンセン,御舩由美子訳：運動脳,株式会社サンマーク出版,2022.

12) 有田秀穂：セロトニン欠乏脳,生活人親書,pp46－49,2003.

13) 木村昌幹監修：科学雑学研究具楽部編,脳と心の秘密がわかる本,学研, p204,2016.

14) 前掲書 10）.

15) 前掲書 11）.

16) 中尾　一和：肥満の分子機構－レプチンを中心に,肥満の科学,第 124 回日本医学会シンポジウム,日本医学会,pp36－44,2004.

17) 国民衛生の動向・厚生の指標 2021/2022,厚生労働統計協会,p442,2021.

18) 前掲書 10）,p314.

19) 二宮石雄,安藤啓司,彼末一之,松川寛二：スタンダード生理学,東京文光堂, pp342－343,2011.

20) 前掲書 19）.

21) 前掲書 5）.

幼児期の遊びが成長発達過程に及ぼす影響

—第1報—

前千葉科学大学看護学部　**デッカー清美**

前帝塚山学院大学人間科学部　**平塚　儒子**

要　旨

　少子化社会の中で、幼児期の遊びとその遊び仲間が、子どもの発達と心身に及ぼす影響と成長発達への関連について調査した結果、①幼児期にごっこ遊び・ままごとをした者は、子どもの時からルールつくりや友達づきあいは得意であること、②日本の同性の同じ年齢の子どもとグループをつくり遊んだ者と遊びの参加ができて嫌なことを拒否出来ること、③幼児期にごっこ遊び・ままごとをした者は、自分の思っていることが理解されないことが時々あると感じていることがわかった。このことから、幼児期の遊びが成長発達する過程で共同性、ルール作りや友達づきあいなどの道徳性や規範意識の芽生えなど社会性の発達に重要な影響を与え、また発達障害のある児への支援につながるのではないかと推論された。

キーワード
　幼児期、遊び、成長、発達

1.　緒　言

1.　幼児期の成長発達

　将来子どものパーソナリティと社会性の発達で、幼児期までに最適な環境のなかで、生活習慣や道徳性などを構築する上で基盤となりうる重要な時期である。母親に依存していた乳児期から母親から離れて自分自身や自分の世界を創造しようとする営みの始まりの移行が幼児期である。そして、それまでの親と子の関係の間に愛着や基本的信頼関係が形成されることで、子どもの精神安定が図られる。このような親との関わりを通して、子どものパーソナリティが形成されていく。しかし、一方で母親関係への偏り、過保護や厳しいしつけ等を優先すると幼児は自己肯定感や自信を持つことが難しくなる。子どもの行動を理解し保護はしても抑制しパーソナリティを育成していくことが必要である。

　この時期の心理的・身体的に同じ発達レベルにある者同士で、興味・関心をともにする者に好感をもち親密な仲間や友人としての関係性が築かれる。そして、仲間との交流や遊びを通して自分の欲求を表出するための社会的スキルや互いの欲求を調整するための社会的ルールを身につけていく [1]。

人間はある時期を過ぎると覚えられない能力があるという仮説があり、この時期を「臨界期」という。視力は0歳から2歳まで、語学・倫理思考は1歳から4歳、運動能力は0歳から4歳、語学は0歳から9歳、音感は3歳から9歳で、能力を習得する最も重要な時期が幼児期時である[2]。竹下[3]は、発達には順序性と方向性があり、「順序性とは、運動の首の据わり → お座り → 立ち → 方向へと進む過程、ことばでは単語 → 二語文へと進む過程を指す。方向性とは、運動能力が躯幹から四肢、さらに指先の機能へと進む方向、粗大運動から微細な運動へと進む方向である。ことばでは物に一致する言葉から抽象的なことばへと理解が進む方向を指す。社会性についても身辺の自立から集団での協調性へと進む。また、視覚や聴覚もそれぞれに分化した機能として開花し、時間とともに統合される」と報告している。

　スペインの神経組織学者ラモニ・カハールは、哺乳類の脳は単に神経網の集まりではなく個別の細胞の集団によるニューロンで形成されていると示唆した。また、オットー・レービはニューロンが神経系を媒介として情報を伝達する、つまり化学的なシナプス伝達によるものであることに触れている。人間の脳は、基本的にニューロンとグリア細胞という2つの神経細胞で形成されている。そして、ニューロンは、他のニューロンの間でコミュニケーションを行い各神経系に指令を送り、グリア細胞はニューロンを支えて扶養を行う役割をして、それぞれ受精し妊娠して細胞分裂をしていく過程で形成されていく[4]。また、ニューロンが指令を送る時に伝達物質として、ノルエピネフリン、セロトニン、アセチルコリン、ドーパミン等がかかわっている[5]。

2. 幼児期の遊びの現状とその重要性

　戦後の少子化や都市化の進行による遊び場の消失、室内で遊ぶゲームやテレビの普及や幼児期からの稽古事や塾通いなどで、子ども同士の遊ぶ機会が失われてきている。屋外で遊ぶ遊びが好まれていた時代から、現在は屋内で遊ぶ遊びが圧倒的に多くなってきた。文部科学省が2007年から2009年に実施した「体力向上の基礎を培うための幼児期における実践活動のあり方に関する調査研究」において、幼児の身体を動かす機会が減少していることを報告していた。その結果、児童期、青年期への運動やスポーツに親しむ資質や能力の育成の阻害、意欲や気力の減弱や対人関係におけるコミュニケーション能力の低下などがあり、子どもの心の発達に影響することが指摘されている[6]。このような状況を踏まえると、主体的に体を動かす遊びを中心として身体活動を幼児の生活全体の中に確保していくことは大きな課題といえよう。

　文部科学省幼児期運動指針のガイドブックの中で、幼児期までに終了していてほしい教育項目として、①いろいろな友達と積極的にかかわり、友達の思いや考えなどを感じながら行動できる、②相手にわかるように伝えたり、相手の気持ちを察して自分の思いの出し方を考えたり、我慢したり、気持ちを切り替えたりしながら、わかり合える、③クラスの様々な仲間とかかわりを通じて互いのよさをわかり合い、楽しみながら一緒に遊びを進めていく、④クラスみんなで共通の目的をもって話し合ったり、役割を分担したりして、実現に向けて力を発揮しやり遂げるなどの共同性、⑤相手も自分も気持ちよく過ごすために、してよいことと悪いこととの区別などを考えて行動できる、⑥友達や周りの人の気持ちを理解し、思い

やりをもって接する、⑦他者の気持ちに共感したり、相手の立場から自分の行動を振り返ったりする経験を通して、相手の気持ちを大切に考えながら行動できるなどの道徳性や⑧クラスのみんなと心地よく過ごしたり、より遊びを楽しくするためのきまりがあることがわかり、守ろうとする、⑨みんなで使うものに愛着をもち、大事に扱う、⑩友達と折り合いをつけ、自分の気持ちを調整するなどの規範意識を芽生えていくことが必要であると示唆していた [7]。

　遊びのもつ発展的な効果について、堀野ら [8] は、①遊びとは知的好奇心によって開始される探索活動を通して、人は新しい刺激を求めたり、達成感・満足感を追求する、②遊びの中で人は楽しいと感じたり、不快な感情を解消するが、何もしない退屈な状態は強いストレッサーになる、③遊びは人間の運動発達、認知発達、社会─情動的発達の上で成立し遊びの経験を通してこれらの諸能力の発達を促進する、と述べている。また、幼児が心身全体を働かせる様々な活動を行うことで、心身の様々な経験が相互に関連し合い積み重ねられていく。そして、多様な動きを身につけ、心肺機能や骨形成に寄与し健康を維持したり、社会活動やさまざまな事柄に積極的に取り組む意欲を育んだりなど、豊かな人生を送るための基盤づくりとなる [9]。

3. 健康的な心身の育成

　出生直後の運動は、無意識に体が反応するモロー反射や吸啜反射などの反射的な運動がほとんどで、乳児期から幼児期の成長に伴い自らの意思や欲求に伴った運動へと移行していく。1歳前後で歩行が可能となり、2歳ごろになると走ることや両足そろえての跳躍ができる。3歳から4歳ごろは、基本的な多様な動きを習得する。5歳から6歳では、個々の動きが洗練化され、基礎的な運動を組み合わせた複雑な動きができるようになる [10]。文部科学省幼児期運動指針策定で、幼児が多様な運動を経験できるような機会を保障することや楽しく体を動かして遊んでいる中で、多様な動きを身につけていくことができるよう、様々な遊びを提供することが重要であると指摘している [11]。また、体を動かす遊びなどを通して健康な心が育成され遊びから得られる成功体験によって意欲的な態度や豊かな想像力を育むことができる。そして、多くの友達とルールを守りながらコミュニケーションを取り対人関係を築きながら群れて遊ぶことで、協調性が養われ社会への適応能力が養われていく。このように、幼児期の遊びが子どもの成長発達過程で心理面や社会性の発達におよぼす影響について探求するものとする。

「用語の操作的定義」
　幼児期の遊びは、親子の愛着形成を通して基本的信頼関係ができ、友達との関係で社会性を育て様々な道具やおもちゃを使用する遊びの中で物体の認知能力および類推思考の基礎をつくると定義する。

4. 研究の方法と内容

1) 遊びのあり方について日本の子どもの現状調査として、心身の発達に関する意識調査を

小学生から成人を対象に調査を 2013 年から大阪、宮城県、愛知県、長野県、九州の大学の児童、生徒や学生に対して、約 10 分の回答時間で一斉に調査を行った。なお本論文では主題に関連のある質問・回答事項のみを抽出、整理して報告した。

2) 分析方法

解析方法は、1 次集計の後にクロス集計を実施、そして χ^2 の検定において有意の差のあったもの（p<0.05）をデータとした。

3) 子どもに対する日本政府の対応に関する文献的検証

国連「子ども権利条約」に関わる委員会報告 [12] をインターネット検索および日本国政府発行の「青少年白書」[13] を検索し、以下のような質問紙（表 1）を作成しその報告文を経年的に追跡し日本の対応を考察した。

表 1. 遊びとルール作りや友達づきあいについて

次のようなことについて、回答してください。	はい	いいえ
1. わたしは、同性の同じ年齢の子どもとグループを作り遊びました	○	○
2. 私は"遊びの参加"が出来て、"嫌なことが拒否"が出来ます	○	○
3. ときどき孤独（こどく）な感じがします	○	○
4. 私は時々心配事があって眠（ねむ）れなくなることがあります	○	○
5. 自分の思っていることが理解されないと思うことがあります	○	○
6. 幼児期にごっこ遊び・ままごとをしました	○	○
7. 子どもの頃から現在まで人とのルール作りが得意ですか	○	○
8. 他人と話し合って協力し、うまく仕事が出来ますか	○	○

2. 結　果

1. 幼児期にごっこ遊び・ままごとをした者は子どものときからルール作りや友達づきあいは得意である（図 1）

子どものときからルール作りや友達づきあいの苦手、得意者と、幼児期にごっこ遊び・ままごとをした者との関係において、子どもの時からルールつくりや、友達づきあいは得意な者は、幼児期にごっこ遊び・ままごとをした者 68.0％は、幼児期にごっこ遊び・ままごとをしていない者 58.5％よりも多かった。一方、子どもの時からルールつくりや、友達づきあいが苦手な者は、幼児期にごっこ遊び・ままごとをしていない 41.5％は、幼児期にごっこ遊び・ままごとをした 31.5％よりも多かった。

図1　幼児期にごっこ遊び・ままごとをした者は子どもの時からルールつくりや、友達づきあいは得意

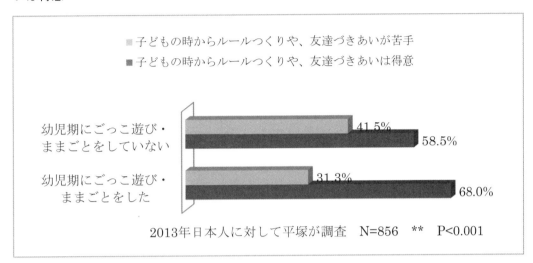

2. 幼児期にごっこ遊び・ままごとと、自分の思っていることが理解されないことが時々ある（図2）

　幼児期にごっこ遊び・ままごとと、自分の思っていることが理解されないことが時々ある関係において、幼児期にごっこ遊び・ままごとをしていない者の最多は、自分の思っていることが理解されないことが時々ある 51.1%、次いで、自分の思っていることが理解されないことがよくある 36.2%、最少は、自分の思っていることが理解されないことはない 12.8%であった。一方、幼児期にごっこ遊び、ままごとをした者の最多は、自分の思っていることが理解されないことが時々ある 67.7%、次いで、自分の思っていることが理解されないことが 22.1%、最少は、自分の思っていることが理解されないことはない 9.7%であった。

図2　幼児期にごっこ遊び・ままごと、自分の思っていることが理解されないことが時々ある

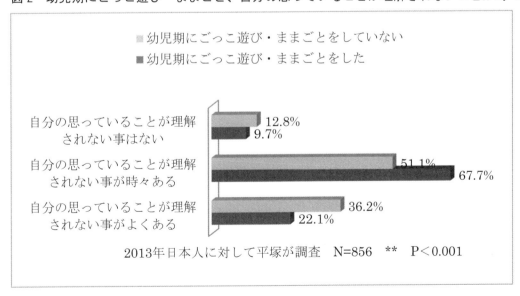

3. 同性の同じ年齢とグループを作り遊んだ者の出生年代推移（図3）

　同性の同じ年とグループを作り遊んだ者の最多は、1980年から1989年の86.8%で、ついで1970年から1979年の82.6%、1960年から1069年の79.1%、1940年から1949年の77.8%、1990年から1993年の74.0%、1950年から1959年の73.3%の順で、最小は1919年から1939年の73.0%であった。遊んでいない者の最多は、1950年から1959年の26.7%で、ついで1990年から1993年の26.0%、1940年から1949年の22.2%、1919年から1939年の18.9%、1960年から1969年の18.6%の順で、最少は1980年から1989年の13.2%であった。

図3　同性の同じ年齢とグループを作り遊んだ者の出生年代推移

- 同性の同じ年とグループを作り遊んだ
- 同性の同じ年とグループを作り遊んでいない

出生年代	遊んでいない	遊んだ
1939~1919年	18.9%	73.0%
1940~1949年	22.2%	77.8%
1950~1959年	26.7%	73.3%
1960^1969年	18.6%	79.1%
1970~1979年	16.3%	82.6%
1980~1989年	13.2%	86.8%
1990~1993年	26.0%	74.0%

2015年日本人に対して平塚が調査、n=696　*　$p<0.05$

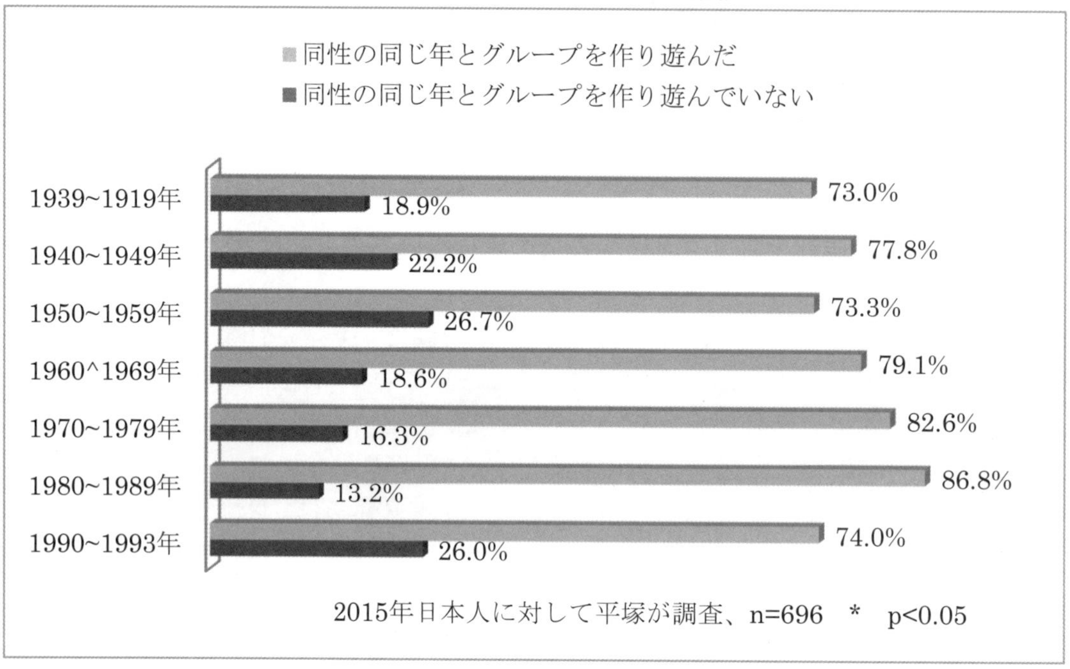

4. 日本の同年の同じ年齢の子どもとグループを作り遊んだ者と、遊びの参加が出来て嫌なことを拒否できる（図4）

　遊びの参加と嫌なことを拒否できない者と、遊びの参加ができて嫌なことを拒否できる関係において、遊びの参加と嫌なことを拒否できない者では、同性の同じ年齢の子どもと遊んでいない39.6%は、同性の同じ年齢の子どもと遊んだ24.1%よりも多かった。一方、遊びの参加ができて、嫌なことを拒否出きる者では、同性の同じ年齢の子どもと遊んだ74.8%は、同性の同じ年齢の子どもと遊んでいない59.4%よりも多かった。

図4　日本の同年の同じ年齢の子どもとグループを作り遊んだ者と、遊びの参加が出来ない嫌なことを拒否できる

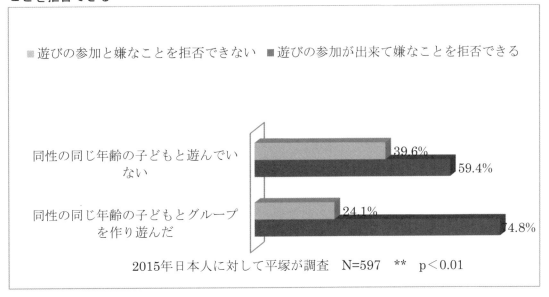

■遊びの参加と嫌なことを拒否できない　■遊びの参加が出来て嫌なことを拒否できる

同性の同じ年齢の子どもと遊んでいない　39.6%　59.4%

同性の同じ年齢の子どもとグループを作り遊んだ　24.1%　74.8%

2015年日本人に対して平塚が調査　N=597　**　p＜0.01

3.　考　察

1.　遊びと歴史的背景

　幼児が自発的に楽しく体を動かし様々な遊びを体験する中で、多様な動きを身につけ活動への意欲や社会性、創造性を育むことができるようになる[14]。そのためには、カイヨウ（Caillois, 1958）は、遊びの中に①自由な活動、②分離した活動、③不確定の活動、④非生産的な活動、⑤ルールのある活動、⑥虚構的活動の 6 つの条件を満たす必要があると述べている[15]。

　幼児期のごっこ遊び・ままごとは、しているとしていない幼児ではしている子どもの方が友達づきあいは得意であった。この遊びを通して各々の役割分担を担いその役割にあった行動やルールを守りながら友達づきあいをしていく中で共同性、道徳性や規範意識が芽生えていくのではないかと考える。また、友達と遊びながら、コミュニケーション能力も発達していくと推察される。

　社会的なイメージ遊びをごっこ遊びと呼んでいる。イメージの共有ができず、仲間と一緒に遊べないし、集団と行動できない。3 歳になれば仲間の行動や存在に関心を持つようになり、3 歳後半には仲間を誘ったり、おもちゃを共有したり、交代で使うといった行動を取るようになる。また、4 歳ごろから、仲間との共同遊びをして、ごっこ遊びで、役割の分担しあう社会的な共同が可能になる。4 歳児では、子ども同士で対立が生じるが、5 歳児になると、自分たちでイメージを共有して自分たちで対立を解決できるようになる。イメージを他者と共有するふり遊びやごっこ遊びの芽生えは表象的思考の表れで仲間関係の形成に必要である。そのため、発達の遅れや偏りを持つ子どもに対して、表象遊びを育てる支援は有効

である。そして、グループにおいて子どもは仲間のなかでの役割、規範、責任、約束など様々な社会的な事柄を学ぶ。また、ふり遊びあるいは、高次の見立て遊びが言語発達と関連していて、情動－社会性に関して、遊びの水準が高いほど遊びの熱中度が高くふり遊びの指導によって仲間との遊びが増加したことが報告され、知的障害児や自閉症障害児の遊びを通じた発達支援に役立つのではないかと示唆している[16]。

　小山[17] は、子どもの初期のふり遊びは、自己を他者に示すといった発達と関係があり、他者に向けたふりはメタ表象能力の発達につながっている。また、役割のふりがみたての柔軟性と並行して発達することや、象徴遊びの場で、現実経験と結びついた予測やプランニングといった認知発達が遊びの中で促進され、心の理論や言語発達につながっていると述べている。子安ら[18] は、人の心的状態は常に変化し揺らぎをもっている。そのため現実の"心の理解"では、常に一つの"正答"が用意されているのではなく、他者との相互的な関係の中で、"心の理解"は進行していくものであることを指摘している。

　このように、幼児期のごっこ遊び・ままごとは、幼児の「本当ではない」自身を他者にみたてて「演じている」というメタ表象能力の発達につながり、ふりをしている子どもの気づきが他者を認識し理解することにつながっていくのではないだろうか。なお、自閉性障害児は、言語性知能をマッチングさせた知的障碍児に比較して、ふり遊びの発達の芽生えが自閉性障害児の社会性、とりわけ対人関係の基礎であるという見解と、これに反対する見解がある[16] が、ふり遊びは自閉症障害をもつ子どもへの発達支援になりうるのではないかと推論する。

　幼児期の遊びは、歴史的背景とともに変化している。第2次世界大戦後、敗戦国となった日本は急速に復興し1950年から1970年代まで目覚まし経済発展を遂げている。1950年代は、遊ぶ空地も多く田園を、駆け回り顔を真っ黒にして遊び、家の手伝いや家畜の世話などをする子どもが多いなどの社会的現象も念頭に置いて遊びについて推論していく必要がある。1951年に文部省は日本国憲法の精神にしたがい、児童に対する正しい観念を確立し、すべての児童の幸福をはかるために、児童憲章を制定した。その内容は「児童は、人として尊ばれる、児童は、社会の一員として重んぜられる、児童は、よい環境の中で育てられる」であり、児童の人権を保護した[19]。

　その後、高度経済成長期には生活が豊かで便利になったことで、必ずしも高い体力や多くの運動量が必要となくなり、体を動かす機会や家事の手伝いなども減少していった。また、都市化や少子化の進展で社会生活や人々の生活様式が変化し、子どもの遊ぶ場所、遊ぶ仲間、遊ぶ時間の減少で体を動かして遊ぶ機会が減少した[14]。

　戦後、日本の教育は大きく変化し戦後教育として「教育によって理想社会を創る」ために、人は平等という理想を掲げた。そして、どんな場でどのような服装、態度や発言をするかは本人が決定し言いたいことを言う「戦後教育的正しさ」が実践され、理想社会にふさわしい「正しい人」を育成していった。しかしながら、自身の正しさをアピールする「正しい人」になって自身の正当性を主張して弱者への配慮が出来ない人が増え、不登校、いじめや引きこもりなどの問題が起きている[20]。このように戦後教育が変化したことで、子どもの遊びにも影響を及ぼしていると考える。それが、ごっこ遊び・ままごとでルールに沿った遊びができないや友達づきあいが苦手な子どもに栄養しているのではないかと推論される。

　石倉[21] は、少子化が進む中子どもに対する期待が大きくなり、あらゆる危険から保護し

ようとするため子どもに与える様々な鍛錬の機会および子どもの自由な活動や思考を妨げている。

　また、都市化で自然や空き地、公園などの外遊びのスペースも減少し、外遊びが減少し室内で遊ぶテレビやゲームへ変化し子どもの運動量が減少した。その結果、外遊びから室内遊びが増え、子どもの体力、運動能力や集中力が低下し、テレビやコンピュータゲームなどの一人遊びが多くなったことから小さな社会を経験する機会が減少するなど子どもの心身発達に影響を及ぼしていると述べている。

2. 社会性の発達

　幼児期のごっこ遊び・ままごとの調査で、自分の思っていることが理解されないことはないと自分の思っていることが理解されないことがよくあるの質問に対し、「していない」と回答した子どもの方が多いことが明らかとなった。この結果から、友達づきあいが苦手な子どもの方がごっこ遊び・ままごとをしていないので、友達と関わることが少なくコミュニケーションが取れていないことが考えられ、理解されていないと否定的な思いをもっていると推察される。また、遊びの参加ができて嫌なことを拒否できる者は、遊びの参加ができない嫌なことを拒否できないものより孤独感を感じることが少なく、嫌のことも拒否できるという自己主張ができている。遊びの体験をグループや友達としている、いないで幼児の成長過程や社会性の発達に何らかの影響を与えているのではないだろうか。

　子どものことばの発達は、2歳前後～小学校入学前の6歳ごろまでに、平均して1日6語、多い時期で新しいことばを10語覚えるといわれ、日常生活の中で自然に覚えている[22]。また、「ブルーナーは親子のやり取りの中に見られる社会的文脈の学習からことばは発達していく」[23]と述べている。このことを踏まえ、ことばを覚える過程で友人との家族らの役割分担をまねするようなごっこ遊びは大切であり、友人とのごっこ遊びがないと言葉を覚えるのが遅くなり、それが学習障害へと発達していくのではないかと。

　ピアジェは、子どもの発達段階の過程で規則に関する認識は第1段階では子ども同士の遊びの間には共同的なやり取りがなく、義務や拘束といった社会的意味合いを持つ行動がみられない、第2の段階は、周囲の大人のまねをし、規則どおりふるまおうとする段階、第3段階は、次第に勝ち負けを気にするようになるという3段階に分かれると指摘した。また、第2段階の発達過程では、子どもは自己中心的な段階で自己と他者を区別できず自分の欲求通りのふるまいをして自分が欲したことが規則だと考えてしまうと述べている[24]。この第2段階が、ごっこ遊び・ままごとなどのグループや友達との仲間とのふり遊びをする時期であり、この遊びを通して他者を認知し他者理解が深まるのではないかと考えると、ふり遊びの体験のない子どもは他者理解をすることが難しいのではないかと考えられる。また、幼児期から児童期の遊びは、集団を作って遊ぶといわれていたが、現在の子どもの遊びは、室内のテレビ、コンピュータゲームなどへかなり変化している。近年の社会性の発達が阻害されると危惧される。

4. 結 論

1. 子どもはグループの集団の遊びや友達づきあいの体験を通して、役割、規範、責任、約束など様々な社会的な事柄を学び、そのことが成長発達していく過程で社会性の発達に影響を与えている。
2. 都市化や少子化の影響で、子どもの遊ぶ場所、グループや友達と遊ぶ時間や体を動かして遊ぶ機会が減少した。そして、テレビやゲームなどの一人遊びが多くなり子どもの体力、運動能力や集中力が低下など子どもの心身や社会性の発達に影響を及ぼし、成長発達が阻害されるのではないかと推察される。
3. 幼児期にグループや友達と遊びを体験した子どもは、遊びを体験していない子どもより自分の自己主張ができ、嫌なことも拒否できるような成長過程をたどるのではないかと推論される。
4. 子どものふり遊びは、言語やメタ表象能力の発達に促進し自閉性障害児や知的障害児の発達支援に有効であると考えられる。

今後の課題

　　幼児期にグループや友達との遊びの体験が少ない子どもは、成長発達過程で心身や社会面の発達にどのような影響があるのだろうか。このことについて、追跡・調査し明らかにしていくことが今後の課題である。

【引用・参考文献】

1) 堀野緑、濱口佳和、宮下一博. 子どものパーソナリティと社会性の発達. 北大路書房. 2008, pp. 89-124.
2) 木村昌幹. 脳と心の秘密がわかる本. 学研. 2016, pp. 124-125.
3) 竹下研三. 人間発達学. 中央法規. 2009, pp. 49-68.
4) ジョン・スターリング. 大脳皮質と心. 新曜社. 2005, pp. 12-17.
5) 2) 前掲 pp. 78-83.
6) 文部科学省幼児期運動指針. 幼児期運動指針策定委員会. 2012, p. 1
7) 文部科学省幼児期運動指針ガイドブック. 2012, pp. 1-61
8) 1) 前掲 pp. 130‐143.
9) 6) 前掲 pp. 1-2
10) 智原江美. 幼児期の発育発達からみた運動遊びの考え方. 京都光華女子大学短期大学部研究紀要. 2011, p. 7-17
11) 6) 前掲 pp. 2-3
12) 国連子どもの権利委員会「最終見解」公表,
　　　https://www.unicef.or.jp/osirase/back2019/1902_12.html
13) 内閣府　子供・若者白書（旧青少年白書）2022,
　　　https://www8.cao.go.jp/youth/whitepaper/r04honpen/pdf_index.html
14) 7) 前掲　p. 2
15) 1) 前掲 p. 130

16) 1) 前掲 pp. 134-141

17) 小山正. 初期象徴遊びの発達的意義. 特殊教育学研究50（4）. 2012, pp. 363-372

18) 子安増生，木下孝司.〈心の理論〉研究の展望. 心理学研究68（1）. 1997, pp. 51-67

19) 文部科学省　児童憲章　1951,
https://www.mext.go.jp/b_menu/shingi/chukyo/chukyo3/004/siryo/attach/1298450.htm

20) 森口朗. 戦後教育で失われたもの. 新潮社新書. 2006, pp. 8-19

21) 石倉瑞恵. 幼児の運動遊びの方法と環境に関する考察. 名古屋女子大学紀要55. 2009, pp. 21-33

22) 今井むつみ，針生悦子. レキシコンの獲得における制約の役割とその性質. 人工知能学会誌18（1）. 2003, pp. 31-40

23) 前掲 pp. 62-64

24) 1) 前掲 pp. 148-150

脳の発育・促進のための自然学習と遊び・運動

定価　1500+税

発行日　2023 年 3 月 1 日　第 1 刷

編著　平塚儒子
宇城靖子　デッカー清美

発行人　相良景行
発行所　　（有）時 潮 社
〒174-0063　東京都板橋区前野町 4-62-15
電話 03-5915-9046　FAX03-5970-4030
http://www.jichosha.jp　E-mail kikaku@jichosha.jp

印刷：相良製版印刷
乱丁・落丁本はお取り替えします。
ISBN978-4-7888-0764-8